Wald und Klima

AF532826

In der Lehre immer am Zahn der Zeit zu sein, wird in unserer schnelllebigen Zeit immer mehr zur Herausforderung. Mit unserer neuen fachübergreifenden Reihe nuggets präsentieren wir Ihnen die aktuellen Trends, die Forschung, Lehre und Gesellschaft beschäftigen – wissenschaftlich fundiert und kompakt dargestellt. Ein besonderes Augenmerk legt die Reihe auf den didaktischen Anspruch, denn die Bände sind vor allem konzipiert als kleine Bausteine, die Sie für Ihre Lehrveranstaltung ganz unkompliziert einsetzen können. Mit unseren nuggets bekommen Sie prägnante und kompakt dargestellte Themen im handlichen Buchformat, verfasst von Expert:innen, die gezielte Information mit fundierter Analyse verbinden und damit aktuelles Wissen vermitteln, ohne den Fokus auf das Wesentliche zu verlieren. Damit sind sie für Lehre und Studium vor allem eines: Gold wert!
So gezielt die Themen in den Bänden bearbeitet werden, so breit ist auch das Fachspektrum, das die nuggets abdecken: von den Wirtschaftswissenschaften über die Geisteswissenschaften und die Naturwissenschaften bis hin zur Sozialwissenschaft – Leser:innen aller Fachbereiche können in dieser Reihe fündig werden.

Prof. Dr. Michael von Hauff war Inhaber des Lehrstuhls für Volkswirtschaftslehre, insbesondere Wirtschaftspolitik und internationale Wirtschaftsbeziehungen an der TU Kaiserslautern.

Michael von Hauff

Wald und Klima

Aus der Perspektive nachhaltiger Entwicklung

Unter Mitarbeit von Philipp von Hauff

UVK Verlag · München

Umschlagmotiv: © JohnnyLye iStockphoto

Bibliografische Information der Deutschen Nationalbibliothek
Die Deutsche Nationalbibliothek verzeichnet diese Publikation in der Deutschen Nationalbibliografie; detaillierte bibliografische Daten sind im Internet über http://dnb.dnb.de abrufbar.

DOI: https://doi.org/10.24053/9783381103126

© UVK Verlag 2023
– ein Unternehmen der Narr Francke Attempto Verlag GmbH + Co. KG
Dischingerweg 5 · D-72070 Tübingen

Das Werk einschließlich aller seiner Teile ist urheberrechtlich geschützt. Jede Verwertung außerhalb der engen Grenzen des Urheberrechtsgesetzes ist ohne Zustimmung des Verlages unzulässig und strafbar. Das gilt insbesondere für Vervielfältigungen, Übersetzungen, Mikroverfilmungen und die Einspeicherung und Verarbeitung in elektronischen Systemen.

Alle Informationen in diesem Buch wurden mit großer Sorgfalt erstellt. Fehler können dennoch nicht völlig ausgeschlossen werden. Weder Verlag noch Autor:innen oder Herausgeber:innen übernehmen deshalb eine Gewährleistung für die Korrektheit des Inhaltes und haften nicht für fehlerhafte Angaben und deren Folgen. Diese Publikation enthält gegebenenfalls Links zu externen Inhalten Dritter, auf die weder Verlag noch Autor:innen oder Herausgeber:innen Einfluss haben. Für die Inhalte der verlinkten Seiten sind stets die jeweiligen Anbieter oder Betreibenden der Seiten verantwortlich.

Internet: www.narr.de
eMail: info@narr.de

CPI books GmbH, Leck

ISSN 2941-2730
ISBN 978-3-381-10311-9 (Print)
ISBN 978-3-381-10312-6 (ePDF)
ISBN 978-3-381-10313-3 (ePub)

Inhalt

Vorwort

Wälder haben vielfältige Funktionen. In diesem Zusammenhang spricht man auch von den Dienstleistungen der Wälder. Hierzu gehört neben der Bereitstellung von Holz auch die Möglichkeit der Regeneration für uns Menschen. Wälder haben weiterhin eine wichtige Funktion für die Erhaltung bzw. Stärkung der Biodiversität und den Schutz vor Bodenerosion. Im Mittelpunkt dieses Buches steht die herausragende Bedeutung der Wälder für den Klimaschutz, indem sie große Mengen Kohlendioxid (CO_2) aus der Atmosphäre aufnehmen und Sauerstoff abgeben.

Eine wichtige Erkenntnis hierzu ist: Solange Bäume wachsen, nehmen sie Kohlendioxid auf und speichern als Folge Kohlenstoff. Die Kapazität der Speicherung von Kohlenstoff unterscheidet sich jedoch zwischen den Baumarten, wobei CO_2 im Stamm, in Ästen und Wurzeln, aber auch im Humus gespeichert wird. Wälder sind somit neben den Ozeanen eine der großen Kohlenstoffsenken und damit natürliche Verbündete gegenüber dem Klimawandel. Die verschiedenen Arten von Wäldern, die globalal vorzufinden sind, haben jedoch nicht alle die gleich positive Wirkung für den Schutz des Klimas.

Gleichzeitig ist festzustellen, dass der Klimawandel Wälder in vielfältiger Weise verändern. So wirkt sich der Anstieg der Temperatur tendenziell negativ auf Wälder aus. Es kommt zu Veränderungen der Niederschlagsverteilung und die Extremwetterereignisse und deren Intensität, die vielfach Waldschäden verursachen, nehmen zu. So kommt es zumindest in bestimmten Regionen zu erheblichen Störungen der Wälder. Die massiven Waldschäden schreiten nach den heißen Jahren 2018 und 2019 besonders in Europa, aber auch in Deutschland, weiter voran.

Daher ist es notwendig Konzepte zu entwickeln, um Wälder vor den negativen Auswirkungen des Klimawandels abzupuffern. Sie müssen zu diversen, resilienten und anpassungsfähigen Wäldern weiterentwickelt bzw. umgestaltet werden. Nur so können die vielfältigen Ökosystemdienstleistungen der Wälder für die Gesellschaft erhalten werden. Die Vorgabe von Rahmenrichtlinien zur Anpassung der Wälder an den Klimawandel ist primär Aufgabe der Politik. Sie ist dabei im Rahmen der Generationengerechtigkeit als konstitutivem Merkmal nachhaltiger Entwicklung von großer Bedeutung.

Tropenwälder haben für die Entlastung bzw. Stabilisierung des Klimas und anderer ökologischer Systeme eine deutlich höhere Wirksamkeit als andere Waldarten. Daher kommt ihnen eine besondere Bedeutung zu. Daneben fördern sie die biologische Vielfalt und erbringen Ökosystemdienstleistungen wie den Schutz von Wasserkreisläufen oder der Verringerung der Bodenerosion und bieten Waldgemeinschaften einen Lebensraum, den sie wiederum schützen. Im Kontext von Regenwäldern gibt es jedoch vielfältige wirtschaftliche Interessen. Dabei geht es z. B. um den Abbau von Ressourcen wie seltene Erden und andere Metalle, die Entnahme besonders von Edelhölzern. die Erweiterung landwirtschaftlicher Nutzflächen für den Anbau von Soja, Ölpalmen und die Viehwirtschaft. Dadurch schreitet die Entforstung auf Grund von Profitinteressen ständig voran.

Die Entforstung verursacht oft große Mengen an Treibhausgas was den Klimawandel verstärkt. Insofern stehen sich im Zusammenhang mit tropischen Regenwäldern positive und negative Wirkungen gegenüber. Die negativen Wirkungen werden durch die Menschen verursacht. Dabei tragen Industrieländer zu den negativen Wirkungen ganz wesentlich bei, da sie die Produkte, die durch die Entwaldung gewonnen bzw. hergestellt werden, primär nachfragen.

Da diese Treibhausgase primär in Industrieländern entstehen, handelt es sich um eine Externalisierung negativer Effekte, die von Industrieländern nicht kompensiert werden. Insofern tragen die Industrieländer für die Entforstung von Regenwäldern auch eine Mitverantwortung, was vielfach tabuisiert und in den nationalen Nachhaltigkeitsstrategien vernachlässigt wird. Daher sind die verschiedenen Programme und Maßnahmen, die sich gegen die Entwaldung richten, auf ihren Beitrag zu einer nachhaltigen Entwicklung zu überprüfen.

Für Anregungen danke ich Herrn Dr. Ulrich Matthes, Leiter des Rheinland-Pfalz Kompetenzzentrums für Klimawandelfolgen für wichtige Anregungen. Für die Unterstützung bei der Herstellung der Schaubilder danke ich Herrn Tom Thomanetz. Für die Ausführungen bin ich jedoch alleine verantwortlich. Bei der Breite und Vielschichtigkeit der Thematik war es nicht möglich alle thematischen Bereiche in der gebotenen Ausführlichkeit zu behandeln. Die Vielzahl der Literaturquellen ermöglicht jedoch eine entsprechende Vertiefung.

Stuttgart, im Oktober 2023 Michael von Hauff

1 Einleitung

Wälder bieten aus der Perspektive nachhaltiger Entwicklung vielfältigen Nutzen. Wie schon erwähnt sind besonders zu nennen: der Klimaschutz, die Erhaltung der biologischen Vielfalt, die Bereitstellung von Ressourcen wie Holz und sie bieten den Menschen die Möglichkeit der Regeneration. In diesem Kontext haben Regenwälder eine besondere Bedeutung. In den tropischen Wäldern hat die indigene Bevölkerung ihren traditionellen Lebensraum, mit dem sie seit Jahrtausenden in Einklang leben und nachhaltig bewirtschaften. Insofern handelt es sich um ein ökologisches, ökonomisches und soziales System das mit den Prinzipien nachhaltiger Entwicklung in Einklang steht.

Dagegen steht: Die wirtschaftlich relevanten Ressourcen wie die Rodung von Waldflächen zur Gewinnung landwirtschaftlicher Nutzflächen, der Bergbau, bei dem es um den Abbau von Metallen geht und der Holzeinschlag finden in der Regel in einer nicht nachhaltigen Form statt. Dadurch kommt es in vielen Regionen zu ökologischen Schädigungen. Zu nennen ist die Verschmutzung von Gewässern und Böden, die in der Regel nicht durch Renaturierung beseitigt werden. Hinzu kommen die klimabelastenden Wirkungen der Entwaldung. Als soziale Belastung ist die Vertreibung indigener Bevölkerung aus ihrem traditionellen Lebensraum zu nennen, die zur Stabilität der Regenwälder beitragen.

Die nachhaltige Entwicklung bzw. der nachhaltige Beitrag besonders von Tropenwäldern für die Menschheit wird somit durch Profitinteressen überwiegend großer Konzerne und korrupter Regierungen beeinträchtigt bzw. zerstört. Daher ist die Bewirtschaftung von Tropenwäldern aufgrund ihrer Bedeutung eine zentrale Herausforderung der internationalen Staatengemeinschaft. Das lässt sich nur durch eine nachhaltige Ökonomie bzw. nachhaltiges Wirtschaften überwinden.

Eine nachhaltige Ökonomie muss die ökologischen Leitplanken bzw. die ökologische Tragekapazität respektieren. Sie muss weiterhin die Lebensbedingungen von Menschen, die in Wäldern und von diesen leben nicht nur beeinträchtigen, sondern ihre Lebensbedingungen stärken. Dieser Maxime wird in vielen Ländern aber auch global viel zu wenig Bedeutung beigemessen. Das betrifft nicht nur Regierungen und Unternehmen, sondern auch Konsumenten.

Das folgende Kapitel wendet sich zunächst den unterschiedlichen Waldformen zu. Dabei geht es um die Aufnahme von Kohlendioxid durch unterschiedliche Baumarten. Daran knüpft die regionale Verteilung der Waldformen und die Veränderung der Flächen unterschiedlicher Waldformen an. Daraus lässt sich eine differenzierte Betrachtung der unterschiedlichen Wälder für den Klimaschutz ableiten.

Es folgt eine Vertiefung des Beitrags von Regenwäldern zum Klimaschutz. Auf der Grundlage der Modellierung tropischer Wälder lässt sich die Aufnahme von Kohlendioxid regional zunehmend genauer quantifizieren. In diesem Zusammen gilt auch die Bedeutung der indigenen Bevölkerung für den Schutz von Tropenwäldern ausführlich zu würdigen. Die zunehmende Vertreibung aber auch die mangelnde Förderung der indigenen Bevölkerung erfährt nur langsam mehr Beachtung. Besonders positiv zu werten ist, dass die indigene Bevölkerung auf die Missstände im Rahmen von großen Versammlungen zunehmend selbst aufmerksam macht.

In dem darauffolgenden Kapitel vier geht es dann um die Entwicklung der Regenwälder und die sich daraus ableitenden Konsequenzen. Nach einer quantitativen Bestandsaufnahme und einigen aktuellen Entwicklungen geht es besonders um die Ursachen der Regenwaldverluste und um Maßnahmen gegen diese Verluste. Daraus lassen sich Folgen der zunehmenden Entwaldung von Regenwäldern ableiten. Die fortschreitende Entwaldung soll im Rahmen von nationalen und internationalen Maßnahmen bzw. Programmen verringert werden, die abschließend vorgestellt werden.

2 Unterscheidung verschiedener Waldformen

Wälder bedecken global etwa 40 Millionen km^2 bzw. 4,0 Mrd. ha, was etwa 31 % der weltweiten Landfläche entspricht. Dabei kommt es jedoch regional zu unterschiedlichen Entwicklungen der Waldfläche, die klimapolitisch höchst relevant sind. Die globale Waldfläche lässt sich nach verschiedenen Waldformen unterscheiden, die von den unterschiedlichen Klimazonen geprägt werden. Unterschiedliche Klimazonen tragen somit zur Entstehung verschiedener Waldarten wesentlich bei. Somit haben die klimatischen Bedingungen der jeweiligen Region für die Entwicklung von Waldformen eine zentrale Bedeutung.

Weiterhin sind für die verschiedenen Waldformen die Niederschlagsmenge, die Qualität des Bodens, die Temperatur bzw. Temperaturschwankungen und die Windeinwirkung von Relevanz. Im Rahmen der Beziehung von „Wald und Klima“ ist somit festzustellen, dass die unterschiedlichen Waldformen und damit die unterschiedlichen Baumarten unterschiedliche Absorptionskapazitäten von Kohlenstoffdioxid haben. Sie leisten daher einen unterschiedlichen Beitrag zum Klimaschutz.

2.1 Die Aufnahme von Kohlendioxid unterschiedlicher Baumarten

Grundsätzlich ist festzustellen, dass alle Bäume für ihr Wachstum Kohlendioxid benötigen. Somit binden Bäume während ihres Wachstums Kohlendioxid und wirken dem Klimawandel entgegen. Das Kohlendioxid wird im Baum gespeichert und wird erst bei seiner Zersetzung bzw. Verbrennung eines Baumes wieder freigesetzt. Die Relevanz unterschiedlicher Wälder bzw. ihrem Baumbestand im Kontext des Klimas erklärt sich daraus, dass die verschiedenen Baumarten unterschiedlich viel Kohlendioxid aufnehmen. Die verschiedenen Waldtypen, d. h. Laubwälder, gemischte Wälder oder Nadelwälder, leisten daher einen unterschiedlichen Beitrag zum Klimaschutz.

In den weiteren Unterkapiteln wird aufgezeigt, dass der Standort der verschiedenen Wald- bzw. Baumarten von der jeweiligen Klimazone aber auch den Böden abhängen. (Diekmann 2019) Dabei gilt zu berücksichtigen, dass die Bestandsaufnahme der Waldarten nicht als statischer Vorgang zu verstehen ist. Das begründet sich daraus, dass der Klimawandel, aber auch andere Faktoren zu einer Veränderung der Klimazonen führen.

Grundsätzlich lässt sich feststellen, dass Kohlendioxid im Baum, d. h. im Stamm, Ästen und Wurzeln, aber auch im Humus gespeichert wird. Chemisch spielt sich folgender Prozess ab: Der Baum entnimmt im Rahmen der Photosynthese das Kohlendioxid aus der Atmosphäre. Die Formel hierzu lautet: 6 CO_2 + 12 H20 + (Sonnen-)Energie wird im Blatt (Chlorophyll) zu C6H1206 (Traubenzucker) + 6 O2 (Sauerstoff) + 6 H20 (Wasser). Das Kohlendioxid wird somit von Blättern absorbiert und in Zucker, Stärke, Zellulose und in anderen organischen Verbindungen eingelagert, die u. a. Energie für die Ökosysteme aufbauen. Je mehr Energie bereitsteht, um so vielfältiger ist die biologische Vielfalt.

Weiterhin ist festzustellen, dass bei einem Urwald sehr viel längere Entwicklungsphasen – Bäume können von 300 bis 600 Jahre alt werden – als bei einem bewirtschafteten Wald festzustellen sind. Die Entwicklung kann durch Ernteeingriffe schon nach 80 bis 120 Jahren zu Veränderungen führen, was sich auf die Biodiversität im Fall des Urwalds tendenziell positiv und dem bewirtschafteten Wald tendenziell negativ auswirkt. Nimmt die Biodiversität in einem Wald ab, nimmt die Resilienz des Waldes ab, die für einen klimaförderlichen Wald von großer Bedeutung ist. (Huber 2021)

Weiterhin ist die Aufnahme von Kohlendioxid auch vom Alter der Bäume abhängig. Alte, hohe und gesunde Bäume mit einem umfangreichen Blätterwerk und einem großen Stammdurchmesser können mehr CO_2 verwerten als junge Bäume. Gleichzeitig ist jedoch zu bedenken, dass junge Bäume in ihrer intensiven Wachstumsphase die stärksten Zuwächse haben und somit pro Zeiteinheit und auf die Fläche bezogen höhere Absorptionsraten aufweisen als flächenbezogen der alte Wald. Daher ist es für die optimale Absorption von Kohlendioxid durch Aufforstung wichtig, dass es zu einer Kombination junger Bäume bei gleichzeitigem Erhalt alter Bäume kommt.

Verschiedene Baumarten haben unterschiedliche Kapazitäten der Absorption. Generell kann festgestellt werden, dass Nadelbäume eine geringere Absorptionskapazität haben als Laubbäume, obwohl Nadelbäume das ganze Jahr grün sind und somit durchgehend CO_2 verwerten. Hierzu ein Beispiel: Die CO_2 Absorption einer Buche ist 40 % höher als die einer Fichte. Geht man beispielsweise von einer 120-jährigen und etwa 35 m hohen Buche mit einem Durchmesser des Baumstamms von 50 cm aus, so hat sie ein Trockengewicht von 1,9 Tonnen.

Das entspricht etwa 0,95 Tonnen Kohlenstoff. Multipliziert man dies mit dem Umrechnungsfaktor von 3,67[1], so ergibt dies 3,5 Tonnen CO_2. Im Vergleich zu einer entsprechenden Fichte, speichert die Buche eine Tonne mehr CO_2. Diese Beispielkalkulation gilt für einzelne Bäume der entsprechenden Baumart. Das begründet sich aus der höheren Raumdichte des Buchenholzes. Auf die Fläche (z. B. 1 ha) bezogen muss das jedoch differenziert betrachtet werden. Es gilt also zu berücksichtigen, dass es sowohl zwischen den Laubbäumen als auch den Nadelbäumen unterschiedliche Absorptionsraten gibt, wodurch sich für den Klimaschutz ein sehr differenziertes Bild ergibt. Abschließend lässt sich hierzu feststellen, dass das Speicherpotenzial eines Baumes rund 50 bis 200 Jahre ausgeschöpft werden kann. Entsprechend der Baumart, der Standortbedingungen und Lebensdauer, nehmen Bäume in dieser Zeit mehr CO_2 auf als sie abgeben. Etwa 50 Prozent der trockenen Holzmasse von Bäumen besteht aus Kohlenstoff.

2.2 Die regionale Verteilung der Waldformen

Aus der folgenden Weltkarte ist zu entnehmen, dass es eine starke Konzentration von über 50 % der Waldfläche auf wenige Länder gibt. Hierbei handelt es sich entsprechend der Große der Fläche in folgender Reihenfolge um die fünf Länder Russland (815.000.000 ha gleich 20 %), Brasilien (497.000.000 ha gleich 12 %), Kanada (347.000.000 ha gleich 9 %), USA (310.000.000 ha gleich 8 %) und China (2020.000.000 ha gleich 5 %). Weltweit waren 50 Staaten mindestens zu 50 % der Gesamtfläche bewaldet und 50 Staaten gelten als waldarm (< 10 %). Die FAO geht in ihrem Bericht „Global Forest Resources Assessment 2020“ davon aus, dass etwa 11,1 Millionen km² der globalen Waldfläche den Primärwäldern zuzurechnen sind. Hierbei handelt es sich um Wälder, die von Menschen unberührt sind und dadurch ihre Artenvielfalt erhalten blieb. (FAO 2020)

---

1 Umrechnung von Kohlenstoff zu Kohlendioxid bedingt durch das Masseverhältnis 44.12 entspricht dem Umrechnungsfaktor von 3,67.

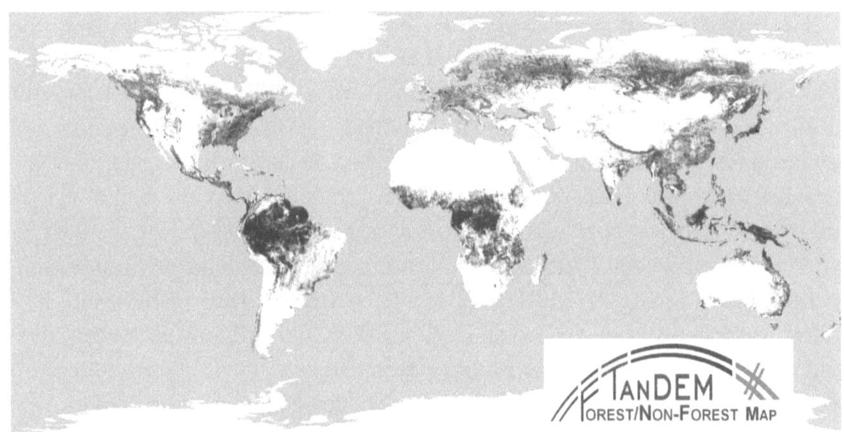

Abb. 1: Globale Verteilung der Wälder (Quelle: TanDEM-X-Waldkarte)

Daraus lassen sich jedoch keine monokausalen Rückschlüsse auf die Relevanz der Waldflächen für das Klima bzw. den Klimaschutz ziehen. Wie schon erwähnt gibt es eine Vielzahl von Faktoren, die hinsichtlich des Klimaschutzes zu berücksichtigen sind. Die folgenden Ausführungen konzentrieren sich zunächst auf die Relevanz der Waldformen. Dabei wird häufig nach Klimazonen unterschieden, die ganz wesentlich die Vegetation bzw. die Waldformen bestimmen. (Schultz 2016) Dabei werden in der Regel vier Klimazonen und deren Waldbedeckung unterschieden.

Die tropischen Wälder nehmen mit 45 % den größten Teil der Waldbedeckung ein. Entsprechend der Klimazonen folgen die subtropischen Wälder mit 11 %. Wälder der gemäßigten Zone (Temperate) haben einen Anteil von 16 % und es folgt die boreale Zone mit 27 %.

Tropische Wälder

Die Vegetationszone der Tropen ist im Kontext des Klimaschutzes eine der wichtigsten Ökozonen. Sie lässt sich weiter unterscheiden in sommerfeuchte und den immer feuchten Tropen. Diese Klimazone ist besonders in Mittel- und Südamerika und in Afrika südlich und nördlich des Äquators verbreitet. Im asiatischen Raum gehören zu dieser Vegetationszone besonders Indonesien, Thailand und Myanmar. In Indien und Australien gibt es ebenfalls Regionen, die einen entscheidenden Anteil dieser Vegetationszone repräsentieren (Breckle, Rafiqpoor 2019, S. 185). Diese Klimazone ist in Südamerika und auf dem afrikanischen Kontinent weit verbreitet. Die klimatischen Bedingungen zeichnen sich durch warme Temperaturen von mehr als 18 ^{0} C aus. Diese Vegetationszone nimmt einen Anteil des weltweiten Festlands von 16 % (etwa 25 Millionen km^2) ein.

Die Tropen zeichnen sich durch verschiedene Formen von Laubwäldern aus. Dabei handelt es sich um halbimmergrüne Feuchtwälder sowie um Trocken- als auch Monsunwälder. (Zech et al. 2014, S. 86) Ergänzend hierzu sind die trockenen Subtropen zu nennen, die überwiegend im arabischen Raum, in der Sahara, der Negev und Sinai vorzufinden sind. Vereinzelte Vorkommen sind auch in Argentinien, Brasilien und Paraguay vorzufinden. (Pfadenhauer, Klötzli 2014). In der Vegetationszone herrscht ein arides Klima, das durch trockene Luftverhältnisse bestimmt ist. In den Halbwüsten ist die Vegetation durch Sukkulenten, d. h. fleischige Pflanzen und Zwergsträucher gekennzeichnet.

Von besonderer Bedeutung sind die tropischen Regenwälder. Nach Schätzungen befinden sich in 70 Ländern tropische Regenwälder. Die meisten Regenwälder sind, wie schon erwähnt, in den drei großen Regenwaldregionen vorzufinden: das Amazonasbecken, das Kongobecken und Südost-Asien. Die FAO schätzt die Fläche der großen Regenwaldregionen auf 13,4 Millionen km^2 wobei 57 % dieser Waldregionen in Brasilien, der Demokratischen Republik Kongo und Indonesien vorzufinden sind.

Der größte Treibhausgaspuffer ist der tropische Regenwald in Amazonien und Afrika, wobei gerade in diesen Waldregionen immer weniger Kohlendioxid absorbiert wird. Nach Schätzungen binden Regenwälder weltweit etwa 250 Milliarden Tonnen CO_2. Während in den 1990er Jahren Regenwälder noch etwa 17 % der durch den Menschen verursachten CO_2 Emissionen abfederten, sind es heute wegen der Verringerung der Regenwälder und der etwa 50 % gestiegenen Emissionen nur noch 6 %. (BMK Infotek 2020)

Boreale Wälder

Diese Vegetationszone befindet sich auf der nördlichen Halbkugel der Erde. Sie erstreckt sich von der östlichen Kontinentalseite bis auf 50^0 N und bei der westlichen Ozonseite bis auf 60^0 N. Das relativ kalte borale Klima zeichnet sich durch relativ kühle Sommer- und lange Winterperioden aus. Dadurch verkürzt sich die Vegetationsperiode auf 90 bis 180 Tage (Knoll 2014, S. 194). In dem kontinentalen Gebiet herrschen starke Temperaturschwankungen vor. Die Spanne liegt zwischen -70⁰ C und +35⁰ C. Die jährliche mittlere Niederschlagsmenge schwankt zwischen 150 und 300 mm. In dem ozeanischen Gebiet fallen sowohl die Temperaturen im Winter als auch jene im Sommer geringer aus. Aufgrund der maritimen Klimazone ist eine höhere jährliche Niederschlagsmenge von über 300 mm festzustellen. (Zech et al. 2014, S. 10) Die Vegetationszone ist noch durch eine relativ geringe Sonneneinstrahlung gekennzeichnet, was sich auf das Wachstum und die Ausdehnung der Wälder hemmend auswirkt.

Sie kommt besonders in den Staaten Alaska, Russland, Kanada und Island vor. In den Alpen, den Rocky Mountains und dem Kaukasus ist eine gleichartige Vegetationszone vorzufinden die als Gebirgstaiga bezeichnet wird (Zech et al. 2014, S. 10). Die boreale Zone hat einen Anteil von 13 % des gesamten Festlandes. Es handelt sich um die „größten zusammenhängenden Wälder“ die insgesamt 1,4 Milliarden Hektar umfasst. Weiterhin ist sie die nördlichste Waldregion der Erde. Es dominieren Fichten- und Kiefernwälder. Die boreale Vegetationszone lässt sich in eine nördliche, mittlere und die südliche Borealzone unterscheiden. In der südliche Borealzone kommt es aufgrund der günstigen klimatischen Bedingungen auch zu Mischwäldern zu denen Birken, Pappeln und Erlen gehören.

Innerhalb der vergleichbaren Klimazone auf der Südhalbkugel konnten sich boreale Nadelwälder wegen des Mangels an Landmasse nicht ausbreiten. In den boralen Wäldern dominieren Fichten und Kiefern, wobei es auch Tannen und Lärchen gibt. Im borealen Nadelwald sind 208 Milliarden Tonnen Kohlenstoff gespeichert. (Bartels et al. 2015, S. 11) Die Artenvielfalt ist jedoch im Vergleich zu den tropischen Regenwäldern gering.

Temperate Wälder

Sie werden auch als Regenwald der gemäßigten Breiten bezeichnet. Sie weisen ein Wald-Ökosystem auf, das sich durch einen besonderen Wasserhaushalt auszeichnet. Die Abgrenzung zum tropischen Regenwald ist durch seine Lage in kühlgemäßigten Klimazonen gegeben. Temperale Wälder sind besonders in West- und Mitteleuropa, in einigen Regionen Nordeuropas und Nordamerikas aber auch in Staaten wie Südkorea, Japan sowie die Küstenregionen von China vorzufinden. (Knoll 2014)

Dabei gibt es regional unterschiedliche Waldformen, die auch davon beeinflusst werden, ob sie in den feuchten bzw. trockenen Vegetationszonen angesiedelt sind. Allgemein kann man feststellen, dass es in dieser Vegetationszone besonders in Mitteleuropa außer Nadelwäldern auch Mischbestände und reine Laubwälder gibt. Faktoren für die Waldform sind exemplarisch zu nennen: mit steigender Höhenlage sind immer mehr Nadelwälder zu finden. Dabei gilt der Bergmischwald aus Buche Tanne und Fichte als wuchskräftigste Waldform.

In Mitteleuropa und hier besonders im Mittelmeerraum, wo heißtrockene Sammer mit kühlen Wintern vorherrschen, sind besonders Hartlaubwälder vorzufinden. Typisch für dieses mediterranere Klima sind Eichen, Edelkastanien, Öl- und Feigenbäume und Nadelbäume wie Pinien und Schwarzkiefern. Seit der Antike sind im Mittelmehrraum die Wälder jedoch wegen ihrer Übernutzung stark geschrumpft. Die Mittelbreiten in der amerikanischen Region sind durch einen nemoralen Nadelwald gekennzeichnet, in dem besonders die Helmlocktannen, die Scheinzypresse und die Eibe angesiedelt sind. (Zech et al. 2014, S. 20)

Wälder der Subtropen

Hier lassen sich die Vegetationszonen der winterfeuchten und der immer feuchten Subtropen unterscheiden. Bei den winterfeuchten Subtropen handelt es sich um eine relativ kleine Vegetationszone, in der die Wälder weit zerstreut sind. Hierzu gehören Waldgebiete von Kalifornien, Portugal, Irak, dem Hindukusch, Südafrika und Australien. Sie zeichnen sich durch trockene Sommer und milde, regenreiche Winter aus. Es dominieren Hartlaubwälder und Hartlaubgebüsch, teilweise auch Kiefernwälder. (Zech et al. 2014. S. 50)

Dic immer feuchten Subtropen sind flächenmäßig eine größere Vegetationszone. (Pfadenhauer, Klötzi 2014, S. 258) Sie ist auch, wie die zuvor behandelte Vegetationszone, über mehrere Kontinente verteilt. Sie ist besonders in südamerikanischen Ländern wie Brasilien, Argentinien und Uruguay vorzufinden. Einige dieser Vegetationszonen gibt es auch in Europa und Afrika und auch im Pazifik und Australien. In dieser Klimazone herrscht ein humides Klima. Typisch für diese Vegetationszone sind immergrüne Laubwälder die auch als Lorbeerwälder ausgewiesen werden.

Abschließend sind noch die trockenen Tropen oder Subtropen zu nennen. Diese Vegetationszone verteilt sich über mehrere Kontinente. Sie ist besonders im arabischen Raum, d. h. im Norden Afrikas vorzufinden. Einzelne Vorkommen dieser Vegetationszone sind in den südamerikanischen Ländern wie Argentinien, Brasilien und Paraguay. (Pfadenhauer, Klötzi

2014, S. 199) Die Vegetationszone ist durch ein arides Klima, das auch als Wüstenklima bezeichnet wird, geprägt. Trockene Vegetationszonen zeichnen sich dadurch aus, dass die Verdunstungsrate bei über 2000 mm liegt und die jährliche Niederschlagsmenge insgesamt weniger als 200 mm aufweist. Entsprechend ist die Vegetation sehr gering und begrenzt sich auf Sukkulenten und Zwergsträucher.

Fazit

Aus den kurzen Erläuterungen der unterschiedlichen Vegetationszonen konnte gezeigt werden, dass es ganz unterschiedliche Wälder gibt. Sie unterscheiden sich auch hinsichtlich ihres Beitrags zur Klimaentlastung. Es wurde deutlich, dass die tropischen Regenwälder im Prinzip den größten Beitrag zur Klimaentlastung leisten. Dabei sind jedoch u. a. die unterschiedlichen Verluste bzw. Zugewinne zu berücksichtigen. So hat in den borealen und gemäßigten Klimazonen die Waldfläche zugenommen. Die Umwandlung von Waldflächen in landwirtschaftliche Nutz- bzw. Weideflächen ist eher gering. Dagegen ist in den Tropen eine massive Abnahme der tropischen Waldflächen und eine starke Zunahme der landwirtschaftlichen Nutzflächen einschließlich der Weideflächen festzustellen, was sich negativ auf das Klima auswirkt. Das folgende Schaubild verdeutlicht die unterschiedlichen Trends hinsichtlich der verschiedenen Waldformen.

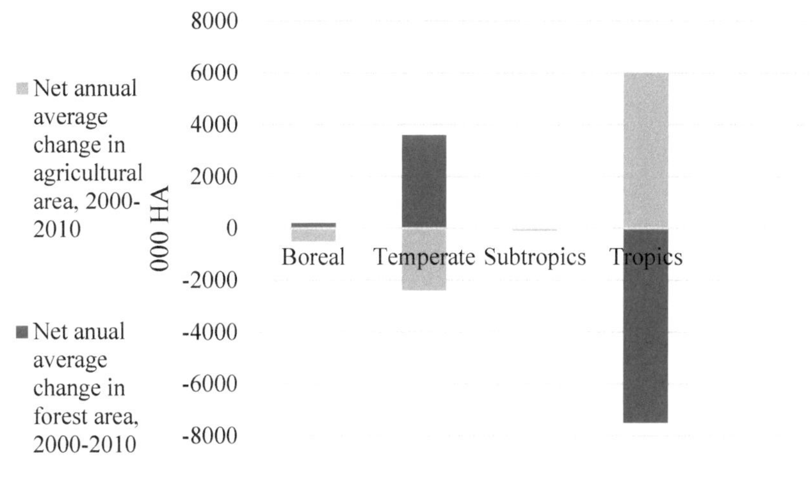

Abb. 2: Durchschnittliche jährliche Nettoveränderung der Wald- und Landwirtschaftsflächen nach Klimabereich 2000-2010 (Quelle: In Anlehnung FAO 2016, S. 13)

Das hat für die regionale und globale Entwicklung des Klimas negative Folgen. Otto stellte schon in den 1990er Jahren fest, dass immergrüne tropische Regenwälder mit 500 t Phytomasse pro Hektar und Jahr eine deutlich höhere Nettoprimärproduktion an Phytomasse – und damit auch Kohlenstoffspeicherung – als Laubwälder der kühlgemäßigten Zone (400) und Boreale Nadelwälder (200) haben. Daher ist eine Rodung bzw. ein Waldverlust in tropischen Regionen für die Entwicklung des Klimas viel schwerwiegender als in gemäßigten und borealen Regionen. Aus klimapolitischer Sicht sollte daher die Erhaltung von subtropischen und tropischen Wäldern an erster Stelle stehen. (Otto 1994, S. 133)

„Der Beitrag deutscher Wälder" zum Schutz des Klimas:

Bis zum Jahr 2017 sind die Kohlenstoffvorräte mit 113,7 Tonnen pro Hektar in den deutschen Wäldern auf einen neuen Rekord gestiegen. So wurden in dem Zeitraum zwischen 2012 und 2017 pro Hektar und Jahr in

der lebenden Biomasse 1,1 Tonnen Kohlenstoff zusätzlich akkumuliert. Im Vergleich zu anderen Landnutzungen waren Wälder in den letzten Dekaden eine Treibhausgassenke. (AFZ-DerWald 2019, S. 14) Der Einfluss aktueller Ereignisse wie Sturm, Dürre und Insekten wurde durch die Bundeswaldinventur 2022, die alle 10 Jahre stattfindet, aufzeigt. Dabei wurde noch einmal bestätigt, dass nicht alle Baumarten unter sich ändernden Umweltbedingungen zurechtkommen. Daher fließen neben klimatoleranten heimischen Baumarten auch alternative Baumarten in die waldbaulichen Überlegungen mit ein. (LWF aktuell 2022, S. 26)
Entsprechend dem Statistischen Bundesamt (Destatis) speicherten die deutschen Wälder mit dem gesamten Ökosystem 2019 etwa 8,3 Millionen Tonnen Kohlenstoff mehr als im Vorjahr. Die privaten Haushalte und der produzierende Sektor (einschließlich Dienstleistungssektor und Landwirtschaft) verursachten einen Ausstoß von 879,2 Millionen Tonnen CO_2. Die Zunahme der Kohlenstoffspeicherung des Waldökosystems hat somit in diesem Jahr nur 3 % der CO_2 Emissionen in Deutschland abgedeckt. Interessant hierbei ist, dass die Zunahme gegenüber dem Vorjahr, in dem sie 44,3 Millionen Tonnen betrug, durch Waldschäden wie Trockenheit und Insektenbefall deutlich abnahm.
Daher geht man davon aus, dass der Großteil der zusätzlichen Speicherung von 8,4 Millionen Tonnen Kohlenstoff durch die Waldböden stattfand. Im stehenden Holz und der Holzbiomasse wurden dagegen etwa 90.000 Tonnen weniger Kohlenstoff gespeichert als im Vorjahr. Man geht davon aus, dass der Wald deutschlandweit etwa 3,1 Milliarden Tonnen Kohlenstoff speichert, was umgerechnet 11,5 Milliarden Tonnen CO_2 entspricht. Ein Jahr zuvor waren es 11,4 Milliarden Tonnen. Interessant ist die Verteilung: im Waldboden sind knapp die Hälfte (48,8 %), im stehenden Holz 28,9 %, in der Holzbiomasse wie Sträucher und Büsche werden 16 % und in der sonstigen Biomasse 8,3 % gespeichert. (Statistisches Bundesamt 2021)
Aus der Übersicht der verschiedenen Vegetationszonen und die dort beheimateten Wälder wird deutlich, dass die Aufnahme von Kohlendioxid durch Wälder sehr unterschiedliche Kapazitäten aufweisen. Viele Faktoren, wie Entforstung, negative Folgen des Klimawandels auf Wälder und verheerende Waldbrände wurden dabei nicht berücksichtigt. Aber auch die globalen Bemühungen um Aufforstung wurden in ihrer

Wirkung nicht aufgezeigt. Es ist jedoch unstrittig, dass die Veränderung der Waldfläche, besonders der Regenwälder, von großer Bedeutung ist.

2.3 Veränderung der Fläche unterschiedlicher Waldformen

Zur Erinnerung: Etwa 31 % oder 40 Millionen km² der globalen Landfläche sind mit Wald bedeckt. In dem Zeitraum zwischen 1990 und 2020 hat die Waldfläche um 178 Mio. ha netto abgenommen. Der Nettowert begründet sich daraus, dass die Abnahme der Waldfläche durch Maßnahmen der Aufforstung und der natürlichen Ausbreitung von Wäldern reduziert wurde. Insgesamt ging die Nettoreduzierung von 1990 bis 2020 jedoch in den 1990er Jahren um -7,8 %, in dem Zeitraum von 2000 bis 2010 um -5,2 und von 2010 bis 2020 um -4,7 % pro Jahr zurück. (FAO, UNEP 2020)

Die regionalen Waldformen aber auch die Waldflächen und ihre Veränderungen haben, wie aus den bisherigen Erläuterungen deutlich wurde, sehr unterschiedliche Wirkungen auf das Klima. Generell kann festgestellt werden, dass die tropischen Wälder einzigartige Ökosysteme aufweisen und eine besondere Bedeutung auch für die Biodiversität haben und für viele natürliche Kreisläufe unverzichtbar sind.

Nicht nur in den Bäumen, sondern auch in den Böden, sind große Mengen an Kohlenstoff gespeichert. Kommt es zu einer Entforstung in diesen Wäldern, wird bei der Abholzung die Aufnahme von Kohlendioxid, d. h. Treibhausgas, reduziert. Daher kommt aus der Perspektive des Klimaschutzes den tropischen Wäldern bei einer möglichen Entwaldung eine besondere Bedeutung zu. Da seit 1990 in den Tropen zehn Prozent der Waldfläche verloren ging, sollte ihnen im Sinne des Klimaschutzes aber auch der Erhaltung der Biodiversität daher eine weitaus größere Bedeutung zukommen.

3 Der Beitrag tropischer Wälder zum Klimaschutz

Die Fläche tropischer Wälder hat, wie schon erwähnt, in den vergangenen Jahrzehnten abgenommen und es ist zu erwarten, dass sich diese Entwicklung auch in Zukunft fortsetzt. Das konkrete Ausmaß wird in dem folgenden Kapitel noch näher ausgeführt. Hinzu kommt, dass sich der durch die Menschen verursachte Klimawandel auf die tropischen Wälder negativ auswirkt. Untersuchungen weisen sogar auf die Gefahr einer abrupten weitreichenden Veränderung des Amazonaswaldes hin, die durch den Klimawandel verursacht werden kann.

Daher stellt sich die Frage, ob Maßnahmen zur Abschwächung oder Anpassung ergriffen werden sollten. Werden keine Maßnahmen ergriffen, so die Prognose, hätte dies im Sinne einer starken Migration in die Städte der Region erhebliche soziale Auswirkungen. Sie könnte durch Walddegradation und Ernährungsunsicherheit ausgelöst werden. Die sozioökonomischen Kosten für die nächsten 30 Jahre werden auf bis zu 3.589 Mrd. US$ geschätzt, die auf Veränderungen bei der Bereitstellung von Ökosystemleistungen zurückzuführen sind. Ein sofortiges Handeln könnte die Kosten z. B. durch die Eindämmung der Entwaldung wesentlich verringern. (Zemp et al. 2017)

Tropische Wälder sind somit keine statischen Ökosysteme, die einen konstanten Beitrag zum Klimaschutz leisten. Die Entwicklung der tropischen Wälder zeichnet sich vielmehr durch eine hohe Dynamik aus, die durch eine Vielzahl von Determinanten bestimmt wird. Eine große Bedeutung in diesem Zusammenhang hat der menschlich verursachte Klimawandel und die dadurch steigende Temperatur mit unterschiedlichen Folgen.

Im Kontext des Klimawandels ist es daher wichtig zu analysieren und vorherzusagen, wie sich artenreiche Waldbestände über lange Zeiträume verändern. Die folgenden Ausführungen konzentrieren sich weitgehend auf tropische Regenwälder, da ihnen in dieser Konfliktsituation eine besondere Relevanz zukommt. Durch diesen Schwerpunkt lässt sich auch die Komplexität der Thematik reduzieren. Heute werden tropische Regenwälder auf der Grundlage von Modellierungen analysiert. Dadurch lassen sich Veränderungen immer differenzierter bestimmen.

3.1 Die Aufnahme von Kohlendioxid - Modellierung tropischer Wälder

Regenwälder zeichnen sich – wie schon erwähnt - dadurch aus, dass sie große Mengen an Kohlenstoff in ihrer Biomasse binden. Bei der Dimension, wie viel Kohlendioxid in tropischen Regenwäldern gebunden wird, gehen die Schätzungen jedoch weit auseinander. Daher werden in zunehmendem Maße Modellierungen vorgenommen, die zu verbesserten Erkenntnissen führen. (Max-Planck-Gesellschaft 2023) Hierzu gibt es bereits viele regionale Studien zu den verschiedenen Kontinenten. Weiterhin gibt es Studien, die sich den verschiedenen Waldparametern zuwenden und zu immer genaueren Ergebnissen führen. So stellt beispielsweise Huth fest, dass die Schätzung auf der Grundlage einer Modellierung der oberirdischen Biomasse um 25 % genauer ist. (Helmholz-Zentrum für Umweltforschung/UFZ 2019)

Die Methode der Modellierung wird international angewandt. So wurde beispielsweise am Helmholz-Zentrum für Umweltforschung (UFZ) das Verfahren Waldsimulationsmodell Formix3 bzw. Waldmodell FORMIND entwickelt, das prozessbasierte Daten liefert. Dabei lässt sich mit neuen Satellitendaten, die mit Lasergeräten ermittelt werden, Biomasse in den Regenwäldern abschätzen. Hierfür werden die Höhe und Struktur der Wälder bestimmt. Auf dieser Grundlage lassen sich auch die Folgen von Dürren und Waldbränden besser ermitteln. (UFZ 2023) Das Verfahren verbessert die Kenntnisse über den Kreislauf des Kohlenstoffs, d. h. wie viel Kohlenstoff im tropischen Regenwald gebunden ist, freigesetzt oder jedes Jahr neu gebunden wird.

Seit Ende 2018 misst die von der NASA begonnene Mission GEDI (Global Ecosystem Dynamics Investigation) mit Hilfe eines neuartigen Lasergeräts, das an der internationalen Raumstation (ISS) angebracht ist, jährlich mehrfach die globale Waldstruktur. Dabei lassen sich auch Regionen unterscheiden, die als Kohlenstoffsenken klassifiziert werden können, die also weiterhin Kohlenstoff aufnehmen und jene, die als Kohlenstoffquellen zumindest lokal Kohlenstoff absorbieren. Dies tritt dann ein, wenn Bäume absterben oder durch Feuer vernichtet werden. Eine weitere Verringerung der Unsicherheiten könnte dadurch erreicht werden, indem die Daten weiterer Satelliten integriert und mit dem FORMIND zusammengeführt werden. (UFA 2019)

Auf der Grundlage der Methode der Modellierung gibt es eine Reihe von Projekten bzw. Studien. Sie sollen exemplarisch vorgestellt werden, um die

Erkenntnisse, zu der die Methode führen kann, aufzuzeigen. Die Strukturen der Ökosysteme trockener tropischer Bergwälder sind durch Klima- und Landnutzungsänderungen bedroht. Das lässt sich am Beispiel des trockenen tropischen Bergwalds von Munessa-Shashemene in Südost-Äthiopien verdeutlichen. Der IPCC-Bericht geht von einer Zunahme der jährlichen Gesamtniederschlagsmenge, begleitet von häufigen extremen Wetterereignissen wie sintflutartige Regenfälle, für das Horn von Afrika bis zum Ende dieses Jahrhunderts aus.

Die möglichen Folgen für die lokalen Waldökosysteme lassen sich durch den Einsatz des Waldsimulationsmodells Formix3 bestimmen. Dabei geht es um den Einfluss der Niederschlagsvariabilität auf die Dynamik des Waldwachstums. Die Simulationsszenarien konzentrieren sich sowohl auf die allgemeine, aber auch auf die artspezifische Dynamik der oberirdischen Biomasse und die Zusammensetzung der Baumarten. Dabei konnte festgestellt werden, dass das Modell die Produktivität der oberirdischen Biomasse unter den derzeitigen Niederschlagsbedingungen genau wiedergibt.

Es ist jedoch festzustellen, dass es in der Wissenschaft noch offene Fragen bzw. auch Kontroversen gibt. Ein Beispiel für unterschiedliche Positionen ist die Theorie der biotischen Pumpe, die von Anastassia Makarieva und Victor Gorshov entwickelt wurde. Sie besagt, dass der Einfluss der Wälder auf die Hydrologie und die Kühlung die Wirkung des in den Bäumen gebundenen Kohlenstoffs übersteigt. (Makarieva et al. 2013) Die Theorie der biotischen Pumpe verdeutlicht, in welchem Maße natürliche Wälder die feuchtigkeitshaltigen Luftströme antreiben und damit Wind und Regen steuern. Sie erklärt somit die Dynamik von Verdunstung und Kondensation: Wasser wird zu Dampf und kehrt dann in flüssiger Form zurück.

Daher kritisieren sie, dass Wälder in der Klimaforschung nur als Speicher für Kohlenstoff gesehen werden. Sie halten dem entgegen, dass tropische Wälder den regionalen Wasserkreislauf kontrollieren und auch über große Entfernungen das Wetter um den Globus beeinflussen. Damit kommt den tropischen Wäldern auf der Grundlage ihrer wissenschaftlichen Erkenntnisse eine größere Bedeutung zu, als wenn sie nur als Kohlenstoffspeicher betrachtet bzw. bewertet werden. Ihre Theorie der biotischen Pumpe basiert somit auf grundlegenden physikalischen Prinzipien und nicht auf statistikbasierter Modellierung. Daher wird sie von einigen Wissenschaftlern skeptisch beurteilt bzw. abgelehnt, obwohl es bisher keine begründete Widerlegung gibt.

Der brasilianische Wissenschaftler Antonio Nobre bezog sich in seinen Untersuchungen zunehmend auf diese Theorie. Er stellte 2014 in seinem viel beachteten Forschungsbericht „The Future Climate of Amazonia“ fest:

> “The Amazon rainforest not only keeps the air moist for its own purposes, but also exports water vapor via aerial rivers, which carry the water that will produce the abundant rainfall that irrigates distant regions during the summer months.” (Nobre A.D 2014, S. 2)

Daraus ergibt sich die Forderung große tropische Waldgebiete in einem umfassenderen Sinne zu erhalten.

Werden Waldbestände gerodet oder abgebrannt, ist die Auswirkung weitaus größer als nur der Entzug von Feuchtigkeit, die von den gefällten Bäumen abgegeben wurde. Die Gefahr besteht darin, dass der gesamte Mechanismus zum Stillstand kommt und der Effekt sich nicht schleichend vollzieht, sondern exponentiell voranschreitet. Makarieva und der brasilianische Wissenschaftler Nobre arbeiten in zunehmendem Maße zusammen und haben daher gemeinsam den brasilianischen Präsidenten Lula de Silva aufgefordert, ihren wissenschaftlichen Erkenntnissen zum Schutz des Amazonasgebiets mehr Beachtung zukommen zu lassen.

3.2 Regionale Unterschiede der Kohlenstoffspeicherung

Die Kohlenstoffspeicherung in tropischen Regenwäldern verändert sich durch unterschiedliche Einflussfaktoren. Während die Vernichtung von Regenwäldern durch Abholzung und Brandrodung und die sich daraus ergebenden Folgen im nächsten Kapitel näher untersucht werden, geht es nun um ein oft vernachlässigtes Thema. Der von Menschen verursachte Klimawandel verändert die Funktionsweise tropischer Wälder. So stellen Trumbore et al. fest, dass alle Wälder heute neuen Belastungen in Form von Klimawandel, Luftverschmutzung und invasiven Schädlingen ausgesetzt sind. Dadurch leidet die „Gesundheit der Wälder“ trotz ihrer Resilienz, d. h. Anpassungsfähigkeit, wodurch die Leistung der Wälder auch hinsichtlich ihres Beitrags zum Klimaschutz beeinträchtigt wird. (Trumbore et al. 2015, S. 814)

Die bisherigen Erkenntnisse werden jedoch teilweise kontrovers diskutiert. Hierzu ein Beispiel: die Hypothese, wonach der Klimawandel zu einem „Amazonaswaldsterben“ führt bzw. führen kann, weist noch große

Unsicherheiten auf. Beobachtungen zeigen jedoch, dass sich der Regenwald und das regionale Klima verändern. Berücksichtigt man die Unsicherheiten, so stellt sich die Frage, ob Maßnahmen zur Abschwächung oder Anpassung ergriffen werden sollten. Die Gefahr besteht darin, dass Maßnahmen, die erst in Zukunft ergriffen werden, zu großen sozialen Folgen führen könnten.

In ihrer Untersuchung kommen Lapola et al. für die Amazonasregion zu wichtigen Erkenntnissen. Die langfristigen quantifizierbaren sozioökonomischen Gesamtkosten einer klimabedingten Degradation des brasilianischen Amazonaswaldes würden zwischen 49 Mrd. US$ (x10)[2] und 456 Mrd. US$ (Nettogegenwartswert) liegen. Die jährlichen Kosten entsprächen im Jahr 2015 somit 2,1 bis 13,6 % des brasilianischen Bruttoinlandsproduktes. Bei diesen Schätzungen werden die Beeinträchtigungen anderer Ökosystemleistungen, die bisher nicht mit Marktpreisen bewertet werden, vernachlässigt. Würden Ökosystemleistungen ohne Marktwert berücksichtigt, ergibt sich daraus ein zusätzlicher Verlust zwischen 2.529 Mrd. US$ bis 7.701 Mrd. US$. Der Gesamtverlust wäre somit deutlich höher und entspräche pro Jahr 112 bis 243 % des Bruttoinlandsprodukts. (Lapola 2018, S. 3) Dadurch werden die Ökosystemleistungen, die der Wald kontinuierlich erbringt, noch einmal besonders deutlich.

Es gibt auch aus anderen Regionen entsprechende Untersuchungen. Hubau et al. analysierten in dem Zeitraum von 1968 und 2015 die Entwicklung in 244 ungestörten Urwaldparzellen in 11 Ländern Afrikas. Sie verglichen ihre Daten mit ähnlichen Messungen in 321 Parzellen in Amazonien. Dabei stellten sie fest, dass die Kohlenstoffsenke in der Biomasse afrikanischer Länder in den 30 Jahren stabil war. Im Gegensatz konnte bei der Senke in den tropischen Wäldern Amazoniens festgestellt werden, dass die Nettomenge akkumulierten Kohlenstoffs etwa ab dem Jahr 1990 zu sinken begann. Dieses Ergebnis begründen sie wie folgt:

> „Scaling our estimated mean sink strength by forest area for each continent signifies that Earth has passed the point of peak carbon sequestration into intact tropical forests. The continental sink in Amazonia peaked in the 1990s, followed by a decline, driven by sink strength peaking in the 1990s and a continued decline in forest area. In Africa the per unit area sink strength peaked later, in the 2000–2010 period, but the continental African sink peaked in the 1990s, owing to

2 Good P, Jones CD, Lowe JA, Betts RA, Gedney N Comparing tropical forest projections from two generations of Hadley Centre Earth system models, HadGEM2-ES and HadCM3LC. J Clim 23, 2013, S. 495–511.

the decline in forest area in the 2000s outpacing the small per unit area increase in sink strength." (Hubau et al. 2020, S. 85)

Weiterhin kann festgestellt werden, dass die Baumsterblichkeit in Verbindung mit chronischer Langzeithitze und Trockenheit zu erhöhten Kohlenstoffverlusten führt. Dieser Effekt ist in Amazonien durch die beschleunigte Erwärmung seit dem Jahr 2000 stärker ausgeprägt als in afrikanischen Tropenwäldern. Der Kohlenstoffverlust ist in den afrikanischen Parzellen ab etwa 2010 zu beobachten. Eine Extrapolation der statistischen Daten bis 2040 legen nahe, dass die Kohlenstoffsenke auf beiden Kontinenten abnehmen wird. Diese Prognosen stehen jedoch im Gegensatz zu globalen Modellen, die eine starke Kohlenstoffsenke in intakten tropischen Wäldern voraussagen. (Rammig 2020, S. 39)

In neueren Untersuchungen hat sich gezeigt, dass die Kohlenstoffsenke des Amazonaswaldes auch stark durch die Menge an Phosphor in den Böden eingeschränkt wird. Daher fordern Hubau et al. weitere Faktoren zu untersuchen, die das Baumsterben bzw. die Dynamik von Wäldern beeinflussen. Es stellt sich jedoch die Frage, was ein Rückgang der Kohlenstoffsenke in intakten Tropenwäldern für die aktuelle Klimakrise bedeutet. Hierzu besteht ein breiter Konsens: soll die Erderwärmung, die durch die menschlich emittierten Kohlenstoffemissionen verursacht wird, entsprechend dem Ziel des Klimaabkommens von Paris 2015 deutlich unter 2^0 C gehalten werden, ist auch ein Fortbestehen großer tropischer Kohlenstoffsenken von herausragender Bedeutung. (Steffen et al. 2018, S. 8257) Das setzt den Schutz und die Ausdehnung intakter Tropenwälder voraus.

3.3 Die Bedeutung der indigenen Bevölkerung für die Tropen

Die indigene Bevölkerung hat für den Erhalt tropischer Regenwälder und damit den Klimaschutz eine große Bedeutung, was bisher noch zu wenig Beachtung findet. Ihre Lebenssituation hat sich jedoch über die letzten Jahrzehnte in unterschiedlichem Maße verschlechtert. So belastet der Klimawandel und seine Folgen zunehmend den Lebensraum vieler indigener Völker, obwohl sie zum Klimawandel kaum beigetragen haben bzw. beitragen.

Beispielsweise haben indigene Völker in einigen Regionen Australiens in den vergangenen Jahren unter großflächigem Feuer gelitten. Dabei wurden die Feuer durch die Folgen des Klimawandels, d. h. durch höhere Durchschnittstemperaturen und Dürreperioden, maßgeblich verursacht. Dadurch haben viele der indigenen Bevölkerung ihren Lebensraum verloren. Dabei haben beispielsweise die Aborigines traditionell Erfahrungen, wie man gezielt vertrocknetes Unterholz abbrennen kann, ohne damit einen Flächenbrand auszulösen. Dies wäre eine präventive Maßnahme, um das Risiko großer Flächenbrände zu verringern.

Auch in anderen Regionen wie dem Amazonasgebiet, in dem zahlreiche indigene Völker leben, hat sich der Klimawandel negativ auf Flora und Fauna ausgewirkt, was die Lebensgrundlage der indigenen Menschen beeinträchtigt. Hinzu kommen regelmäßig wiederkehrende Überschwemmungen wodurch das Vorkommen von Fischen und Schildkröten aber auch an essbaren wilden Früchten als Nahrungsquelle zurück gegangen ist. Auch in afrikanischen Ländern wurden indigene Völker vom Klimawandel betroffen. In verschiedenen Regionen ist es ihnen jedoch gelungen die Fruchtbarkeit der Böden zu erhalten.

Forest Communities leben ganz wesentlich von landwirtschaftlichen Produkten und Waldprodukten wie Nüssen und anderen Früchten. Viele leben in Armut, da sie häufig diskriminiert und verfolgt werden. Um ihre Lebensbedingungen und ihr Einkommen zu verbessern sollte nicht nur ihrer Verfolgung bzw. Vertreibung entgegengewirkt werden, sondern sie sollten auch bei dem Anbau ertragreicher Waldprodukte gefordert werden. Das erfordert entsprechende Ausbildungsprogramme für Jugendliche aber auch für Frauen. Weiterhin ist ein besserer Zugang zu Krediten erforderlich. Nur so kann eine Verbesserung ihrer Einkommenssituation und damit ihrer Lebensbedingungen erreicht werden. Weiterhin sollte die Schulbildung von Kindern und Jugendlichen aber auch die Gesundheitsvorsorge der indigenen Bevölkerung ausgebaut werden. Die Förderung dieser Maßnahmen ist eine Voraussetzung, um die wachsende Abwanderung von Jugendlichen aus ihrem traditionellen Lebensraum zu verringern. (Mechik, von Hauff 2016, S. 109) Hierzu gibt es eine Reihe von Projekten und Studien. (Mechik, von Hauff 2017, S. 228 ff)

Deklarationen zum Schutz indigener Völker

Die vielfältigen kommerziellen Interessen von Regierungen der entsprechenden Länder und internationaler Konzerne an den Ressourcen, die im Regenwald vorkommen und abgebaut werden, beeinträchtigen den Lebensraum der Waldbewohner. Aber auch die fortschreitende Landgewinnung durch die Rodung bzw. Abbrennung von Waldflächen für die landwirtschaftliche Nutzung, schränken ihren Lebensraum zunehmend ein. Und schließlich führt die weit verbreitet Armut bei der indigenen Bevölkerung zunehmend dazu, dass sie ihren traditionellen Lebensraum verlassen und in Städte abwandern. Dadurch verliert auch ihre Schutzfunktion für den Regenwald an Wirksamkeit. Die Formen der Beeinträchtigung bzw. Zerstörung von Regenwald werden in dem nächsten Kapitel erläutert.

Früher wurden die indigenen Bevölkerungen oft als Ureinwohner bzw. Naturvölker bezeichnet. Der Begriff „indigene Völker“ (aus dem lateinischen indigenus „eingeboren“) wurde von den Vereinten Nationen geprägt. Nach der UN-Definition handelt es sich seit 1982 um Bevölkerungsgruppen, die als Nachkommen der Bewohner eines bestimmten Gebietes betrachtet werden und schon vor der Eroberung, Kolonisierung oder Staatsgründung durch „Fremde bzw. Neuansiedler“ dort lebten. Sie haben eine enge und besonders emotionale, aber auch wirtschaftliche und spirituelle Bindung zu ihrem Lebensraum und verfügen als Gemeinschaft über eine ausgeprägte ethnisch-kulturelle Identität.

Im Kontext der vielfältigen Diskriminierung bzw. Marginalisierung indigener Völker geht es nach den Vereinten Nationen besonders um ihre politischen bzw. menschenrechtlichen Ansprüche. Bereits im Jahr 2007 haben die Vereinten Nationen die Erklärung über die Rechte der indigenen Völker verabschiedet und damit deutlich gemacht, dass sie in besonderem Maße schutzbedürftig sind. In Artikel 2 wird dies wie folgt formuliert:

> „Indigene Völker und Menschen sind frei und allen anderen Menschen gleichgestellt und haben das Recht bei der Ausübung ihrer Rechte keinerlei Diskriminierung ausgesetzt zu sein, insbesondere nicht auf Grund ihrer indigenen Herkunft oder Identität.“ (UN Deklaration)

Dabei handelt es sich um eine nicht verbindliche Absichtserklärung. Es wird jedoch vielfach festgestellt, dass es sich um ein Signal handelt, durch das Standards zum Schutz und zur Gleichstellung indigener Völker vorgegeben werden.

Bereits 1992 wurde in der UN-Konvention über biologische Vielfalt in Artikel 8j auch schon auf den besonderen Beitrag indigener Völker zur nachhaltigen Nutzung der biologischen Vielfalt verwiesen:

„Subject to its national legislation, respect, preserve and maintain knowledge, innovations and practices of indigenous and local communities embodying traditional lifestyles relevant for the conservation and sustainable use of biological diversity and promote their wider application with the approval and involvement of the holders of such knowledge, innovations and practices and encourage the equitable sharing of the benefits arising from the utilization of such knowledge."

Der UN-Deklaration steht jedoch eine Reihe von Herausforderungen indigener Völker gegenüber, die ebenfalls von der UN benannt werden (UN 2021, S. 31 ff):

- mangelnde Umsetzung der bestehenden Schutzmaßnahmen,
- Ausbeutung natürlicher Ressourcen und Naturschutz,
- gemeinsame Herausforderungen in den Sektoren Bergbau, Wasserkraft, Agrarindustrie und Naturschutz,
- fehlender Zugang zu Rechtsmitteln für die Verteidigung ihrer Rechte,
- Schlussfolgerungen und Empfehlungen.

Nach den Vereinten Nationen gibt es weltweit etwa 370 Millionen Menschen, die als Angehörige indigener Völker gelten. Dabei lassen sich 5.000 Gemeinschaften in über 90 Ländern unterscheiden die 4.000 der weltweit 7.000 Sprachen sprechen. (BMU 2020) Zwischen den indigenen Völkern lässt sich eine ausgeprägte Vielfalt feststellen, indem sie sich selbst als Volk mit eigenständigen Merkmalen verstehen und diese auch bewahren.

Ihre kulturelle Identität leidet jedoch häufig unter ihrer Diskriminierung und Verfolgung. Nach den Vereinten Nationen gehören sie zu den gefährdetsten Gruppen. (United Nations 2021) Ein gemeinsames Merkmal ist ihre prekäre wirtschaftliche Situation: obwohl sie nur 5 % der Weltbevölkerung ausmachen, leben 15 % in extremer Armut (weniger als 1,9 $ pro Tag) und bei einer höher angesetzten Armutsgrenze (3,20 $ pro Tag) ist ihr Anteil unverhältnismäßig hoch. Es mangelt vielfach an adäquaten Beschäftigungsmöglichkeiten und Sozialleistungen wie Gesundheitsversorgung, Bildung und Kommunikationstechnologien. (Mechik, v. Hauff 2022, S. 450)

Daher fordern indigene Gruppen in diesem Kontext immer wieder ihre Rechte und den Schutz ihrer Territorien ein. Beispielhaft ist die größte Demonstration der indigenen Völker Brasiliens zu nennen, die im April 2023 zum 19. Mal unter dem Motto „Die indigene Zukunft ist heute" stattfand. An ihr nahmen 300 Ethnien teil. Das zentrale Thema waren die Rechte der indigenen Völker und die formale Anerkennung und der Schutz ihrer

Territorien. Als Reaktion kam es zur Ausweisung von sechs neuen indigenen Territorien mit einer Fläche von 6.000 km².

Das entsprechende Dekret wurde von dem Präsident Lula da Silva unterzeichnet, wodurch sie unter den staatlichen Schutz gestellt wurden. Dabei wurde auch beschlossen, dass der Nationale Rat für Indigenenpolitik (CNPI) und der Verwaltungsausschuss der Nationalen Politik für das Territorial- und Umweltmanagement Indigener Gebiete (PNGAT) wieder ihre Arbeit aufnehmen. Noch weiter gehen die Forderungen einer Abordnung aus Süd- und Mittelamerika, die im April 2023 in Marseille zur Tagung der Weltnaturschutzunion IUCN zusammentrafen. Sie fordern, dass 80 % der Amazonas-Regenwaldflächen bis 2025 unter den Schutz der Regierung gestellt werden. Das entspricht etwa der doppelten Fläche, die sie selbst bewohnen. Dadurch wird deutlich, dass es ihnen nicht nur um die Bewahrung ihres eigenen Lebensraums geht.

Exemplarisch für die Bewertung der Bemühungen zur Erhaltung bzw. Stärkung der Regenwälder lässt sich die Zusammenkunft der Anreinerstaaten des Amazonas nennen. Mit großen Erwartungen kamen 2023 nach 14 Jahren die acht Amazonas Staaten wieder zu einem Regenwald-Gipfel zusammen. Dabei sollte der Welt Einigkeit dieser Staaten demonstriert und anspruchsvolle Leitlinien vorgegeben werden. Nach zweitägigen Verhandlungen kam es jedoch nur zu einem Minimalkonsens. Die Länder verständigten sich darauf, dass durch gemeinsames Handeln und regionale Kooperationen ein „Umkippen der grünen Lunge" des Planeten vermieden werden soll. Hinsichtlich dar Abholzung und der Gewinnung fossiler Brennstoffe blieben die Vereinbarungen sehr vage.

Das von Brasilien und Kolumbien vorgegebene Ziel der Nullabholzung wurde in die Beschlüsse nicht aufgenommen. Es wurde nur in der Präambel als „ein in der Region zu erreichendes Ideal" erwähnt. Die Intention des brasilianischen Präsidenten Lula da Silva, die Position der Region zu stärken und sich als internationaler Klimaschützer zu profilieren, ist gescheitert. So waren besonders Bolivien mit der höchsten Abholzung pro Kopf sowie der starken Quecksilberverseuchung durch illegale Goldschürfer aber auch Venezuela mit ähnlichen Negativentwicklungen nicht für die Ziele Brasiliens und Kolumbiens zu gewinnen. Fazit: Die ökonomischen Interessen, besonders bei der Ausbeutung von Ressourcen, standen über der Erhaltung der Regenwälder und damit auch des Klimaschutzes. Die nicht nachhaltige profitorientierte Maxime hat sich erneut durchgesetzt.

Die Lebensweise indigener Völker ist wesentlich durch ihre Beziehung zur Natur geprägt. Einerseits leben sie von den Dienstleistungen der Natur bzw. Ökosystemen. Andererseits haben sich indigene Völker über viele Jahrhunderte Wissen über die Natur angeeignet, das zum Erhalt von Regenwäldern beigetragen hat und heute noch beiträgt. (Scherrer 2022, S. 35) Dabei sollte jedoch berücksichtigt werden, dass es zwischen indigenen Völkern auch zu Konflikten kam, die zu einer Beeinträchtigung der Natur bzw. Ökosystemen beispielsweise durch Brandrodung führten. Teilweise kam es auch zum Niedergang von indigenen Völkern.

Schutz von Klima und Biodiversität durch indigene Communities

Das Territorium indigener Bevölkerung entspricht etwa 20 % der weltweiten Landfläche. Es beherbergt 80 % der noch vorhandenen biologischen Vielfalt. Dabei ist, wie häufig vernachlässigt wird, die Stabilität der Regenwälder ganz wesentlich vom Erhalt der biologischen Vielfalt abhängig. Teilweise wirken sich schon geringe Veränderungen der Biodiversität negativ auf die Stabilität der Regenwälder aus. Die Begründung gibt der Wissenschaftliche Beirat für Waldpolitik: Biodiversität in Wäldern ist eine wichtige Grundlage für die Anpassungsfähigkeit und Vielfalt aller Prozesse, welche die Ökosystemfunktionen und -leistungen ermöglichen. (Wissenschaftlicher Beirat für Waldpolitik 2021)

Entsprechend dem Globalen Bericht des Weltbiodiversitätsrats wird erwartet, dass in den nächsten Jahrzehnten etwa ein Achtel der Tier- und Pflanzenarten verloren gehen. (IPBES 2019) Daher warnte der Präsident des Weltbiodiversitätsrats der UNO, Robert Watson 2019, dass der Verlust von Biodiversität ähnlich katastrophale Folgen wie der Klimawandel haben wird, sollte es nicht zu Gegenmaßnahmen kommen. Dafür ist jedoch nicht die Menschheit pauschal verantwortlich.

Vielmehr kommt den indigenen Völkern, wie bereits erläutert, beim Schutz der biologischen Vielfalt eine herausragende Bedeutung zu. Das erklärt sich aus ihrem über Jahrhunderte entwickelten und umfassenden Wissen über die komplexen Sachverhalte der Natur. Weiterhin haben sie kein kommerzielles Interesse an ihrem Lebensraum den Regenwäldern wie die sogenannte „zivilisierte Welt“. Sie sind vielmehr geprägt durch ihre traditionelle, spirituelle Beziehung zu ihrem Lebensraum.

Daher stellen Recio et al fest:

> "Indigenous Peoples hold unique knowledge systems and practices for the sustainable management of natural resources. Many have a special relationship with the environment, the land, and all living things. Against this backdrop, the Western view of land, natural resources, and nature in a commodified and more tradable manner stands in stark contrast "(Recio et al. 2022, S 2).

Die Anerkennung des Rechts auf Selbstbestimmung indigener Völker ist daher entscheidend für den Schutz ihrer Traditionen und ihrer sozialen, kulturellen, wirtschaftlichen und politischen Eigenschaften.

Indigene Völker vor der Kolonisierung - Ihr Erbe

Dabei ist festzustellen, dass lange vor der Kolonisierung im Amazonasbecken sehr diverse und komplexe Kulturen entwickelt wurden, die sich an ihre Umgebung anpassten. So gehen Wissenschaftler davon aus, dass zumindest 10 – 12 % des Regenwaldes auf die sorgfältige Bewirtschaftung indigener Völker zurückzuführen ist. Dort wurden bereits vor 7000 Jahren Nutzpflanzen domestiziert. Indem die Bewohner zumindest einen Teil des Regenwaldes kultivierten, nahmen sie auf die Evolution von Pflanzen und Landschaften Einfluss. (Maezumi et al. 2021)

In diesem Zusammenhang wurden in verschiedenen Regionen vorkoloniale Siedlungen entdeckt. So wurden in den tropischen Wäldern Südostasiens, Sri Lankas und Mittelamerikas archäologische Überreste agrarischer Siedlungen mit geringer Bevölkerungsdichte entdeckt. Dagegen stellen die in jüngerer Vergangenheit entdeckten Siedlungsmuster in dem vorspanischen Amazonien auf einer Fläche von etwa 500 km^2 (500 – 1400 n.Ch.) eine Form tropischer Urbanisierung dar, die bisher noch nicht bekannt war. Hierbei handelt es sich um eine Siedlung der Casaraba-Kultur. (Lucero et al., 2015)

Biologen in Kooperation mit Archäologen fanden heraus, dass in der Umgebung von menschlichen Siedlungen im Amazonasbecken mehr Pflanzen und Pflanzenarten wuchsen als in unbewohnten Gebieten. (Prümers 2022) So stellt in diesem Zusammenhang die Archäologin Betancourt fest, dass der Paranussbaum, ein besonders wegen seiner Nüsse wirtschaftlich attraktiver Baum, im Amazonasbecken weit verbreitet ist. Er könnte ein Erbe früherer Siedlungen sein. Weiterhin wurde festgestellt, dass die indigenen Bewirtschaftungspraktiken durch die Kolonisierung unterbrochen wurden, was sich auf die Amazonasregenwälder negativ auswirkte. Daraus kann abgeleitet werden, dass indigene Völker nicht nur zur Stabilität der biologischen Vielfalt beigetragen haben, sondern diese auch schon in der Vergangenheit erweiterten.

Daher fordern internationale Organisationen aber auch Wissenschaftler wie David Lam und sein Team sich verstärkt dem Wissen und dessen Umsetzung indigener Völker zuzuwenden. Dabei stellt sich die Frage, welchen Beitrag dieses Wissen zu dem Transformationsprozess zur nachhaltigen Entwicklung von Wäldern leisten könnte bzw. bereits leistet. Bei ihrem *literature review* von 81 *reviewed papers* kommen sie zu dem Ergebnis, dass das Wissen indigener Völker und Gemeinschaften in der wissenschaftlichen Literatur häufig genutzt wird, um es in der wissenschaftlichen Diskussion in Bezug auf Umwelt, Klima, sozialökologische und Artenveränderungen zu bestätigen und zu ergänzen.

Das genuine Verständnis der indigenen Bevölkerung über Transformation, das auf einer ganz anderen Beziehung zur Natur, wie schon erläutert, basiert, unterscheidet sich von dem eigenen auf wissenschaftlichen Erkenntnissen basierenden Verständnis zur Natur. Daher kommen Lahm et al. zu folgender Empfehlung:

> "We propose future research endeavors that could yield a pluralunderstanding of transformations and hence, provide an enrichedpicture of how we could foster inclusive transformations in timesof pressing sustainability challenges. Collaborating withindigenous peoples and local communities for transformationshas the potential to substantially enrich and question scientificapproaches to transformations by providing, for instance, alternative and complementary goals to sustainability, such as Buen Vivir or Ubuntu. Sustainability transformation researchneeds to avoid the risk of neglecting nonscientific knowledgesystems and the risk of perpetuating the supremacy of Westernscientific knowledge systems as we endeavor to fostertransformations toward just, equitable, and sustainable futures." (Lahm et al. 2020, S. 10)

Die Situation von Forest Communities in Kambodscha

Indigene Völker finden häufig in Regionen bzw. Ländern mit großen Regenwaldflächen wie dem Amazonas, dem Kongobecken und Indonesien eine besondere Beachtung. Dagegen werden Länder mit relativ kleinen Regenwaldflächen und den dort lebenden indigenen Communities weitgehend vernachlässigt. Das lässt sich u. a. am Beispiel von Kambodscha verdeutlichen. Forest Communities haben in Kambodscha eine lange Geschichte. Erste Siedlungen gehen mindestens auf das Jahr 4200 v. Chr. zurück. Aktuell sind 536 Forest Communities auf einer Fläche von 400.000 Hektar offiziell registriert. Ihnen werden 300.000 Menschen zugeordnet, was 1,7 % der Gesamtbevölkerung entspricht. (Phnom Penh Post 2021) Ihre Lebensgrundlage wird von dem starken Klimawandel und dem Bau von Wasserkraftwerken stark bedroht. Dadurch wird ihnen der Zugang zu sauberem Wasser und Fischgründen erschwert. Durch Landspekulation bzw. -raub kommt es häufig auch zur Vertreibung von Mitgliedern der Forest Communities.

Die folgenden Ausführungen beschränken sich auf einige thematisch relevante Strukturmerkmale des Landes. Kambodscha hat eine konstitutionelle Monarchie mit einem Mehrparteiensystem. In der Realität zeichnet es sich jedoch durch ein schwaches Justizsystem, Willkür und Korruption aus. So sind auch die Menschenrechte und Meinungsfreiheit vielfach eingeschränkt. Unter Menschenrechtsverletzungen leiden besonders vulnerable Gruppen wie Forest People, obwohl Kambodscha 2007 die UN-Erklärung über die Rechte indigener Völker ratifiziert hat. Die Unsicherheit ihres Lebensraums führt oft zu Landflucht bzw. Migration, Armut und Drogenabhängigkeit. In Städten wird ihnen oft mit Misstrauen bzw. Skepsis begegnet, da sie als primitiv und ungebildet gelten und daher unerwünscht sind. (Pfaffenberger 2013, S. 109)

Etwa 35 % der 16,7 Millionen Einwohner leben in Kambodscha unterhalb der Armutsgrenze (1,90 US$ pro Tag). Kambodscha zählt somit zu den ärmsten Ländern in Südost Asien. Das wirkt sich auch auf den Lebensraum der indigenen Völker negativ aus. Das Land leidet auch besonders stark unter dem Klimawandel. Extreme Wetterphänomene wirken sich sehr negativ auf den Reisanbau und dadurch auch auf die Ernährungssicherung der Bevölkerung aus.

Kambodscha zeichnet sich durch ein tropisches Monsunklima aus und hat eine vielseitige und reichhaltige Biodiversität. Der Tonle Sap See verfügt über einen großen Fischbestand und der Wasserreichtum des Mekong Flusses bietet ökologisch zunächst sehr gute Lebensgrundlagen für die indigenen Communities. Sie sind jedoch von dem massiven, vorrangig illegalen Holzschlag in ihrer Lebensgrundlage zunehmend

betroffen bzw. bedroht. Die verschiedenen Maßnahmen zur Einschränkung der Vernichtung der Regenwälder war von geringem Erfolg.
Die primäre Regenwaldbedeckung Kambodschas betrug in den 1970er Jahren 70 % (13,7 Millionen Hektar) und ist auf 3 % 540.000 Hektar geschrumpft. (Poffenberger 2013, S. 239) Die dadurch gewonnenen Edelhölzer werden hauptsächlich nach Thailand, Vietnam und besonders nach China exportiert. (Cock 2016. S. 87) Edelhölzer sind eine der wichtigsten Einnahmenquelle des Landes. Bergbau als Ursache von Entwaldung hat eine untergeordnete Bedeutung, da Kambodscha nur geringe Mengen an Bodenschätzen hat.
Sowohl die Regierung des Landes als auch internationale Partner (EZ-Organisationen bzw. die Vereinten Nationen) unterstützen umweltpolitische Maßnahmen wie den Erhalt von Regenwäldern. Dabei werden indigene Völker jedoch nur unzureichend in die Politikmaßnahmen mit einbezogen. Menschenrechtsorientierte Konzepte wie *„Free Prior and Informal Consent (UN)“* und *„Participatory Land Use Planning“* finden jedoch auf Gemeindeebene zur Wahrung der Rechte und Interessen von Forest Communities zunehmend Beachtung.
Diese Konzepte werden besonders von NGOs gefördert bzw. unterstützt. Die Implementierung umweltpolitischer als auch menschenrechtlicher Aktivitäten werden teilweise jedoch durch privatwirtschaftliche und politische Interessen, die besonders durch Korruption geprägt sind, verlangsamt bzw. blockiert. So findet beispielsweise die illegale Abholzung weiterhin statt, weshalb die Entwaldung aber auch der Ressourcenraubbau auch in jüngerer Zeit stattfindet. (Roth 2023, S. 38) Dabei sind auch häufig Widersprüche zwischen der Erhaltung und der Entwaldung von Regenwäldern wahrzunehmen.
Zum Schutz der Wälder und der Forest Communities hat die Regierung einerseits 23 Nationalparks und Wildschutzgebiete sowie 182 *Community Protected Areas* eingerichtet. Andererseits kam es zur Vergabe von 297 Landkonzessionen (1,2 Millionen Hektar), die in der Regel ohne Konsultationen mit den Forest Communities vergeben wurden. Dies führte häufig zu sozialen Spannungen, da die Forest Communities an den Erträgen der Konzessionen nicht beteiligt wurden. Obwohl NGOs mit der Förderung lokaler bzw. regionaler Projekte die Probleme abzufedern versuchen, ist die Zukunft zumindest eines großen Teils der indigenen Bevölkerung gefährdet. In Kambodscha sind 3500 NGOs

registiert, womit das Land eine der höchsten NGO-pro-Kopf-Dichte der Welt aufweist (The Diplomat2013). Eine vergleichbare Situation ist auf Madagaskar vorzufinden.

4 Die Entwicklung der Regenwälder und die Konsequenzen

Weltweit lassen sich nach Angaben der FAO seit Jahrzehnten Waldverluste feststellen. Dabei hat sich jedoch das Tempo der Verluste verlangsamt. In dem Zeitraum von 1990 bis 2000 kam es pro Jahr im Durschnitt zu Verlusten des weltweiten Waldbestands von 0,18 % (7,3 Mio. ha). In den Jahren zwischen 2010 bis 2015 waren es pro Jahr durchschnittlich noch 0,08 % (3,3 Mio. ha). Somit hat sich in dem Zeitraum von 1990 bis 2015 die weltweite Waldfläche um netto 195 Millionen Hektar verringert, was etwa der Größe Mexikos entspricht. Die wesentlichen Ursachen sind die Umwandlung von Wald- in Acker- und Weideflächen bzw. andere Nutzungsformen und Naturkatastrophen (Bundeszentrale für politische Bildung 2017).

Bevor die spezifische Entwicklung der Regenwälder analysiert wird, geht es um die Veränderung der globalen Waldverluste. Dabei ist jedoch die Gruppe der Länder mit Waldverlusten von jener mit Waldzuwächsen zu unterscheiden. Hierbei fällt auf, dass besonders Länder mit Regenwäldern zu der Gruppe mit teilweise hohen Waldverlusten gehören, was für den Klimawandel von besonderer Bedeutung ist. Daher werden abschließend in diesem Kapitel die Ursachen und Folgen der Verluste an Regenwäldern näher untersucht.

4.1 Veränderung der globalen Bestände an Wald

Der Waldverlust der 10 Länder, die in den beiden Jahrzehnten von 1990 bis 2000 bzw. 2000 bis 2010 am stärksten betroffen waren, hat sich gegenüber dem Durchschnitt der Länder global mit Waldverlust reduziert. Die Dimension des durchschnittlichen jährlichen Waldverlustes der „Top 10“ in den Jahren 2010 bis 2015 von 4,5 Millionen ha lässt sich besser veranschaulichen, wenn man bedenkt, dass der Waldverlust für diesen Zeitraum pro Minute 8,6 ha betrug, was einer Fläche von zwölf Fußballfeldern entspricht.

Betrachtet man sich die neueste Entwicklung, so geht aus der Abbildung 3 hervor, dass Russland im Jahr 2021 mit großem Abstand die größten Waldverluste aufweist. Danach folgt bereits Brasilien, Kanada und die

Vereinigten Staaten. Am Schluss stehen Schweden und Laos. Unter den Ländern mit Waldverlusten befinden sich auch einige Länder, die sich durch tropischen Regenwald auszeichnen. Dazu gehören neben Brasilien auch die Volksrepublik Kongo und Indonesien, was für die Entlastung des Klimawandels – wie in dem Abschnitt 4.2 noch vertieft wird – relevant ist.

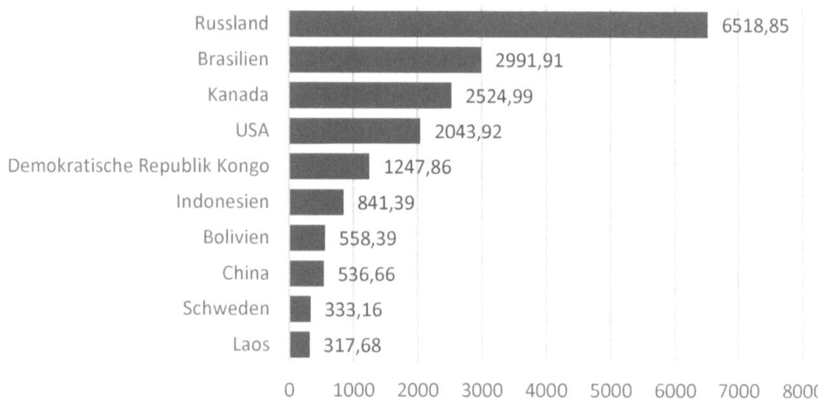

Abb. 3: Führende Länder beim jährlichen Verlust des Baumbestandes weltweit 2021 (in 1.000 ha) (Quelle: in Anlehnung an GFM Statista 2023)

Den 10 Ländern mit hohen Waldverlusten stehen für den gleichen Zeitraum von 2010 bis 2015 die Gruppe der „Top 10“ Staaten mit den höchsten Waldzuwächsen gegenüber. Dabei führt China mit weitem Abstand. So hat China einen Zuwachs der Waldfläche für diesen Zeitraum von 1,5 Millionen Hektar aufzuweisen. Es folgen Australien (308.000 ha), Chile (301.000 ha) die USA (275.000 ha) und die Philippinen (240.000 ha). Von 1990 bis 2000 nahm die Waldfläche jährlich um 3,6 Millionen ha, von 2000 bis 2005 um jährlich 5,9 Millionen ha und von 2010 bis 2015 um jährlich 3,3 Millionen ha zu.

Daraus wird ersichtlich, dass die Zunahme der weltweiten Waldfläche Schwankungen aufweist. Etwa 33 % des globalen Waldbestandes sind der Kategorie Urwälder zuzuordnen, wovon etwa 50 % in den Tropen vorzufinden sind. Urwälder sind, wie schon erwähnt, für die Ökosysteme einzigartig. Sie haben für die Biodiversität und für natürliche Kreisläufe eine herausragende Bedeutung. (Bundeszentrale für politische Bildung, 2017)

Neben weiteren Differenzierungen, die hier vorgenommen werden könnten, ist festzustellen, dass es bei den neu angepflanzten Waldflächen (Waldplantagen) produktive Plantagen gibt, die für die Produktion von

Holz, Papierfasern und Biokraftstoffen angebaut werden. Hiervon zu unterscheiden sind protektive Waldplantagen. Sie dienen dem Schutz von Böden und Wasservorkommen, sie schützen vor Erosion durch Wind und Wasser, verhindern bzw. mindern die Ausbreitung von Wüsten, dienen dem Küstenschutz, mildern die Lawinengefahr und verbessern die Luftqualität.

4.2 Verluste an Regenwäldern

Jedes Jahr wird ein erheblicher Teil der weltweiten tropischen Regenwälder zerstört. Das hat, wie schon erwähnt, unterschiedliche Ursachen und weitreichende Folgen. Im Jahr 2016 war der Flächenverlust besonders groß. Im pantropischen Raum[3] wurden 6,13 Millionen Hektar Regenwald zerstört. In den folgenden Jahren sank der Flächenverlust, wobei er auf einem hohen Niveau blieb. Im folgenden Jahr sank der Verlust auf 5 Millionen Hektar. Danach kam es zu einem starken Rückgang auf 3,65 Millionen Hektar. Im Jahr 2021 betrug schließlich der Flächenverlust an Regenwald 3,75 Millionen Hektar. Dabei weist Global Forest Watch darauf hin, dass es sich hierbei um den Verlust von Primärwäldern, d. h. um weitgehend unberührte Wälder, handelt

Dies stellt sich jedoch in den drei großen Regenwaldregionen des Amazonasbeckens, des Kongobeckens und Südostasiens unterschiedlich dar. Die Regenwaldverluste lassen sich weiter nach Ländern differenzieren. Dabei hängt das Ranking von dem jeweiligen Zeitraum ab. Betrachtet man nach Global Forest Watch den Zeitraum 2002 bis 2021 so sind unter den 10 Ländern mit den höchsten Verlusten Brasilien, Indonesien und die DR Kongo zu nennen. Betrachtet man nur das Jahr 2018 so sind es die gleichen Länder, wobei die DR Kongo vor Indonesien steht. Brasilien weist bei allen Rankings in absoluten Zahlen mit Abstand den höchsten Verlust auf.

Interessant ist die Reihenfolge, wenn man die relativen Anteile, d. h. in Prozent der Veränderung im Vergleich zu dem Jahr vor 2018 nimmt, wie aus der folgenden Abbildung hervor geht. Danach hat der Verlust an Regenwald 2018 im Vergleich zum Jahr 2017 in Ghana um 60 % im Vergleich zu anderen Ländern mit Abstand am meisten zugenommen. Es folgen fast gleichauf die

---

3 Der pantropische Raum ist durch eine Vielzahl und Vielfalt von Lebewesen gekennzeichnet, die in den Tropen vorkommen und somit ein wichtiger Bereich der Biodiversität ist.

Elfenbeinküste mit 26 % und Papa Neu Guinea mit 22 %. Dagegen werden in diesem Ranking Brasilien und Indonesien nicht aufgeführt.

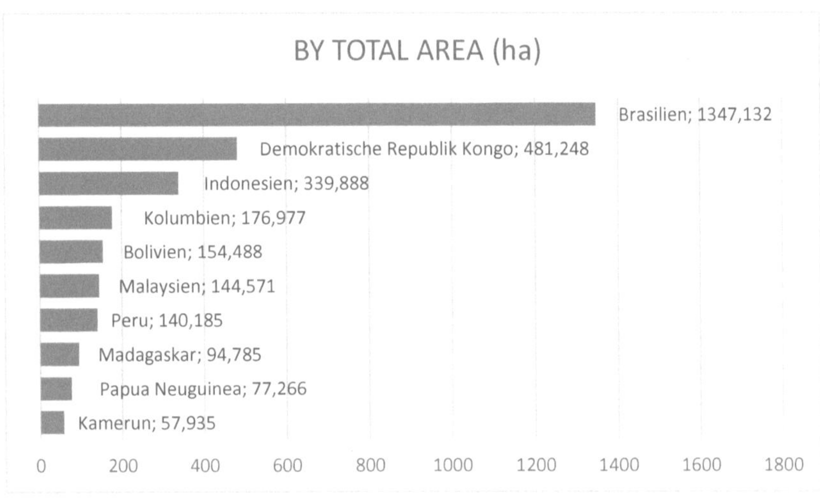

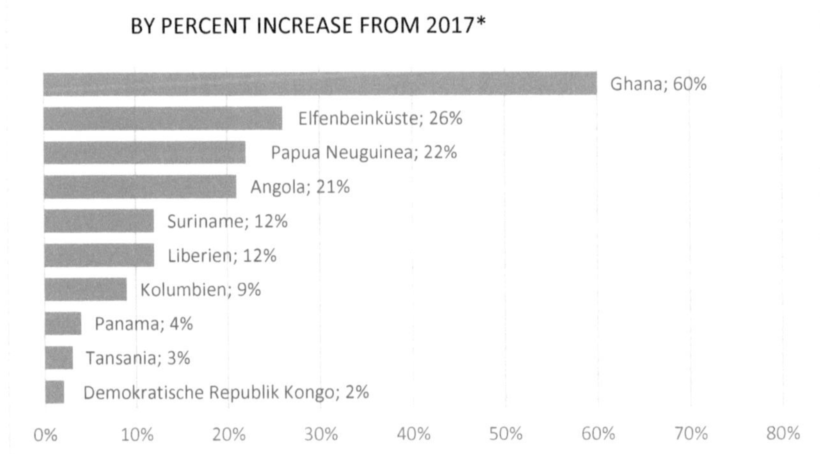

Abb. 4: Die 10 Länder mit dem größten Verlust an tropischem Primärregenwald in absoluten und relativen Zahlen 2018 (Quelle: In Anlehnung an World Resources Institute 2018)

Betrachtet man ausgewählte Regionen näher, so ist festzustellen, dass Amazonien als das größte Regenwaldgebiet weltweit sich über 8 Millionen km² erstreckt, wovon etwa 65 % auf Brasilien entfallen. 35 % verteilen sich auf Peru, Kolumbien, Bolivien, Ecuador, Guayana, Suriname, Venezuela und das Department Französisch-Guayana. Etwa eine Million km² der Regenwälder Amazoniens wurden bisher vernichtet. Daraus wird deutlich, dass es sich nicht um ein neues Phänomen handelt.

Die FAO hat berechnet, dass in Amazonien bereits in dem Zeitraum von 1990 bis 2010 600.000 km² tropische Regenwälder vernichtet wurden. Davon ist Brasilien in besonderem Maße betroffen. Entsprechend den Satellitendaten des brasilianischen Nationalinstituts für Weltraumforschung (INPE) wurden in dem Zeitraum von 1988 bis 2022 im brasilianischen Teil Amazoniens 482.525 km² gerodet und verharrte in den vergangenen Jahren unter der Regierung Bolsonaro‘s auf einem relativ hohen Niveau. (Deutschle 2021)

Dagegen weist Indonesien eine etwas andere Entwicklung auf. So verzeichnete Indonesien im Jahr 2016 den Höhepunkt von Regenwaldverlusten mit etwa 9.300 km². Nach 2016 hat sich die Regierung Indonesiens nach großem internationalem Druck dem Problem angenommen, indem sie die Entstehung neuer Ölpalmenplantagen für einen bestimmten Zeitraum begrenzt hat. Weiterhin wurde ein dauerhaftes Moratorium für den Schutz von Primärwäldern und Mooren erlassen. In den folgenden Jahren ging daraufhin der Regenwaldverlust deutlich zurück. Schließlich ist noch zu erwähnen, dass entsprechend der FAO in Afrika in den Jahren zwischen 2010 und 2020 pro Jahr 39.000 km² Wald, einschließlich tropischen Regenwaldes, gerodet wurde. (FAO 2020)

4.3 Ursachen für die Verluste von Regenwäldern

International besteht Konsens, dass die landwirtschaftliche Nutzung der Haupttreiber für die Abholzung von Regenwäldern ist. (FAO/UNEP 2020) Die Verluste von Regenwäldern haben in einzelnen Regionen bzw. Ländern unterschiedliche Ursachen und Dimensionen. Dabei werden zunächst tropische von den gemäßigten Regionen unterschieden, wobei in diesem Kontext nur Ursachen der Verluste der tropischen Regionen näher betrachtet werden. Global kann festgestellt werden, dass etwa 27 % (5,8 Millionen ha) der Abholzung auf die Gewinnung landwirtschaftlicher Nutzfläche, einschließlich Bergbau und Urbanisierung zurückzuführen ist. Das trifft besonders für Südamerika und Südost Asien zu.

Die Verlagerung von Landwirtschaft entsprechen 5 Millionen ha, was je zu etwa einem Viertel in Südamerika und Südostasien und fast zu einhundert Prozent für Afrika zutrifft. In Afrika sind es überwiegend Kleinbauern, die ihre kleinen Landparzellen durch die Abholzung von Regenwald erweitern. Die dritte Kategorie sind forstwirtschaftliche Produkte (23 %, 5,4 Millionen ha) auf Grund der kommerziellen Holzgewinnung (z. B. Edelhölzer) bzw. für die Herstellung von Papier und Zellstoff. Das ist für Südamerika und Südost Asien jedoch im Gegensatz zu den gemäßigten Regionen (Nordamerika, Russland China und Südafrika) von relativ geringer Bedeutung. 23 % bzw. 4,8 Millionen ha sind Waldbränden zuzurechnen, die in den drei bedeutendsten tropischen Regionen zu vernachlässigen sind, jedoch in Nordamerika, Russland, China aber auch in Südafrika von hoher Relevanz sind. Es ist zu erwarten, dass der Verlust von Wäldern durch Waldbrände in Zukunft noch zunehmen wird.

Die ersten drei Kategorien, d. h. Gewinnung landwirtschaftlicher Nutzflächen einschließlich Bergbau und Urbanisierung, Verlagerung von Landwirtschaft und die Holzgewinnung sind eindeutig wirtschaftlich zu begründen. Daher sollen wirtschaftliche Interessen als wesentliche Ursache für die Entwaldung tropischer Regenwälder exemplarisch aufgezeigt werden. Daraus wird auch ersichtlich welche Mitverantwortung die Bevölkerung in Europa bzw. auch Deutschland hierbei haben.

Steigende Nachfrage nach Soja

Sojabohnen werden besonders im Amazonas- und im Cerrado-Gebiet auf entwaldeten Flächen angebaut. Ihren Ursprung hatte die Sojabohne vor etwa 3500 Jahren im chinesischen Raum. Soja ist das Getreide, dessen Anbaumenge weltweit am schnellsten wächst. Die weltweit steigende Nachfrage begründet sich weniger aus dem Konsum von Tofu und Sojamilch bzw. anderer Nahrungsmittel. Sojabohnen werden in großen Mengen als Futtermittel besonders für die Viehwirtschaft und für Aquakulturen nachgefragt. Es gibt auch eine steigende Nachfrage nach Biodiesel, der aus Sojaerzeugnissen gewonnen wird. (Miersch et al. 2018, S. 1) Im Verhältnis zum Futtermittel ist diese Nachfrage jedoch noch sehr gering.

Daraus begründet sich, dass sich die Anbauflächen seit 1980 verdoppelt haben. Bereits im Jahr 2009/10 wurde die Anbaufläche auf über 100 Millionen Hektar geschätzt. (Vollmann 2010, S. 3) Weltweit steht Brasilien als größter Produzent von Sojabohnen vor den USA. Brasilien hat in dem

Zeitraum von 2002 bis 2019 seine Produktion von 43 Millionen Tonnen auf 114 Millionen Tonnen fast verdreifacht. Im gleichen Zeitraum wurden 180.000 km^2 im brasilianischen Teil Amazoniens abgeholzt.

Betrachtet man die Situation im Jahr 2020/21, so kann man feststellen, dass die Sojaproduktion 139,5 Millionen Tonnen mit steigender Tendenz und die dafür benötigte Anbaufläche 39,5 Millionen Hektar betrug. (United States Department of Agriculture 2023, S. 27) 71 % der Sojaproduktion wird als Futtermittel verwendet, 22 % als Nahrungsmittel und 7 % für sonstige Erzeugnisse. (Fuchs et al. 2019, S. 452) Neben dem Export von Sojaderivaten und -bohnen exportiert Brasilien auch Rindfleisch in größeren Mengen.

Seit einigen Jahren gibt es zunehmend Kritik an dem Export von Soja und Rindfleisch, die aus Regionen kommen, in denen Regenwald zugunsten von Viehwirtschaft und dem Anbau von Soja abgeholzt wird. Die Relevanz der Kritik lässt sich anhand weniger Zahlen aufzeigen. Die Ernährungsgewohnheiten der Bevölkerung in EU-Ländern und Großbritannien sind an der Zerstörung von Regenwäldern beteiligt, indem sie für den Verbrauch von 60 kg pro Kopf verantwortlich sind. 55 kg werden an Tiere verfüttert und sind somit primär dem Fleischkonsum zuzuordnen. (Brack 2016) In dem Zeitraum zwischen 2010 und 2021 erhöhte sich die Erntemenge um 30 %.

Der Export von Soja aus Brasilien erklärt sich daraus, dass in Deutschland und der EU keine großen Mengen an Soja angebaut werden. Würde der aktuelle Bedarf an Soja für die Tierwirtschaft und Produktion tierischer Produkte in Deutschland angebaut, müsste eine Fläche des gesamten Bundeslandes Brandenburg mit Soja bepflanzt werden. (WWF 2021) Hinzu kommt, dass in Brasilien die größte Rinderherde mit 230 Millionen Tieren gehalten wird, wobei pro Rind eine Weidefläche von 100 mal 100 Meter notwendig sind. Dabei sind die klimaschädlichen Folgen der Haltung von Rindern in dieser Dimension hinreichend bekannt.

In diesem Kontext gibt es eine Reihe von Initiativen und Maßnahmen, die sich gegen die Entwicklung der fortschreitenden Abholzung Zugunsten des Anbaus von Soja und der Rinderwirtschaft richten. So haben sich in diesem Zusammenhang 150 Unternehmen und Investoren gegen die Abholzung eine Absichtserklärung unterzeichnet, wobei die großen brasilianischen Sojaverbände ABIOVE und ANEC vor der endgültigen Unterzeichnung zurückgezogen haben. Große Beachtung und Anerkennung fand die EU-Initiative. (Küpper, Stravens 2022) Sie wurde in die EU-Verordnung vom Juni 2023 über entwaldungsfreie Produkte und Lieferketten eingebracht.

Der Verordnung wurde von dem EU-Parlament mit großer Mehrheit zugestimmt. Sie trat im Juni 2023 in Kraft und ist nach einer Übergangszeit von 18 Monaten Ende 2024 von den EU-Mitgliedsländern anzuwenden. Die Verordnung deckt neben Soja weitere Produkte wie Palmöl, Rindfleisch, Holz- und Papierprodukte, Kaffee, Kakao und Kautschuk ab. Dagegen konnte nicht realisiert werden, dass sich das Gesetz nicht nur auf Wälder beschränkt, sondern auch waldähnliche Flächen wie Buschland („other wooded lands") mit einbezogen werden. Damit ist die Gefahr gegeben, dass sich der „Landfraß" auf andere nicht geschützte Ökosysteme wie beispielsweise Savannen verlagert. Diese Ökosysteme sind ebenfalls artenreich, wichtige Kohlenstoffspeicher und Lebensraum indigener Communities. Die Verordnung vermeidet weiterhin nicht alle Formen von Waldschäden und die Verletzung von Menschenrechten. (WWF 6.12.2022)

Diese Verordnung ist die erste ihrer Art weltweit und kann den ökologischen Fußabdruck der EU deutlich verringern und wird ein wichtiger Beitrag zu einer nachhaltigen Transformation. Die EU als bedeutender Wirtschaftsraum verändert damit die Spielregeln des Handels in diesem Bereich, was auch für Länder außerhalb der EU ein Anreiz sein wird die eigenen Handelsmaximen zu ändern. Es wird vielfach auch als Erfolg der globalen Together4forests-Kampagne des WWF und anderer interpretiert, bei der sich über 210 NGOs zusammengeschlossen haben, um gemeinsam für ein starkes EU-Gesetz gegen die Waldzerstörung zu kämpfen.

Steigende Nachfrage nach Palmöl

Palmöl wurde ebenfalls in der zuvor vorgestellten EU-Verordnung aufgeführt. Daher ist zu erwarten, dass sich die Vernichtung von weiterem Regenwald zugunsten von neuen Ölpalmenplantagen verringern wird. Berücksichtigt man jedoch, dass auch die Nachfrage nach Palmöl analog zu Soja weiter steigt, ist abzuwarten, ob und wann der positive Effekt der EU-Verordnung eintritt. Palmöl ist eine der bedeutendsten Ölpflanzen weltweit und weist den Vorteil auf, dass es preisgünstig, hitzestabil und sich vielfältig und gut verarbeiten lässt. Hinzu kommt, dass es den besten Flächenertrag hat.

Palmöl wird für die Herstellung von Lebensmitteln und Süßwaren verwendet, aber auch bei Waschmittel, Kosmetik, Pflegeprodukten und auch bei Biodiesel, woraus sich erklärt, dass jedes zweite Produkt in Supermärkten Palmöl enthält. (Forum für nachhaltiges Palmöl, 2021, S. 30) Ursprünglich kommt die Ölpalme aus Westafrika. Heute findet man sie jedoch in allen tropischen Regionen. Da sie einen hohen Niederschlag und hohe Luftfeuchtigkeit benötigt, ist der Regenwald für die Ölpalme ein idealer Standort.

Wichtige Länder für die Herstellung von Palmöl sind besonders südostasiatische Länder. Dabei liegt Indonesien an erster Stelle und produzierte 2018 auf einer Fläche von 14,3 Millionen Hektar 45 Millionen Tonnen Öl. Danach folgt Malaysia das 21,8 Millionen Tonnen Öl produzierte. Die beiden Länder produzierten zusammen 84 % des weltweiten Palmöls. Aber auch auf dem afrikanischen Kontinent wird Palmöl produziert. So wurde im westlichen Teil Afrikas und in Zentralafrika eine Fläche von etwa 22 Millionen Hektar für die Produktion von Palmöl umgewandelt. (Kelly 2016)[4] Daher kann festgestellt werden, dass in Südostasien Palmöl neben der Holzgewinnung der Haupttreiber für die Abholzung bzw. Vernichtung von Regenwald ist.

Indien, China und die EU gehören zu den führenden Importeuren von Palmöl. (United States Department of Agriculture 2023a, S. 20) Deutschland hat im Jahr 2019 1,38 Millionen Tonnen Palmöl eingeführt, was im Durchschnitt einem pro Kopf Verbrauch von 19 kg pro Jahr entspricht. Auch in diesem Kontext wurden große Flächen an Regenwald teilweise legal aber teilweise auch illegal mit gravierenden ökologischen Folgen zerstört: zu nennen sind Verringerung der biologischen Diversität, Degradation der Böden als auch die Abgabe des gespeicherten Kohlenstoffdioxid.

Die Umwandlung von Regenwald in Ölpalmenplantagen wirkt sich somit negativ auf das Klima aus, da die Zerstörung von Regenwald Emissionen von Treibhausgasen freisetzt und die Ölpalmenplantagen viel weniger Kohlenstoffdioxid aufnehmen als Regenwälder. Sie binden nicht die Hälfte des Kohlenstoffs, der durch eine vergleichbare Fläche tropischen Regenwaldes gespeichert wird. Hinzu kommt, dass die Trockenlegung von Torfböden in Südostasien zur Gewinnung landwirtschaftlicher Nutzfläche zusätzlich Kohlenstoff freisetzt.

Aber auch die Beeinträchtigung bzw. Vertreibung indigener Bevölkerung sind als Hypothek von der Umwandlung von Regenwald in Ölpalmenplantagen zu benennen, zumal in der Regel dadurch für die indigene Bevölkerung nur in Ausnahmefällen Arbeitsplätze entstehen. (Beckert, Keck 2015, S. 13) Eine ähnliche Situation lässt sich auch für Guatemala feststellen. Das hohe Wachstum der Ölpalmenplantagen führte dazu, dass die Bevölkerung in die

4 Die gesamte Fläche des Anbaus von Palmöl entspricht 80 % der Fläche Deutschlands.

Bergregionen vertrieben wurde. Dort sind die Böden weniger fruchtbar und die Hanglage ist stark erosionsgefährdet. Eine wichtige Forderung ist daher die Palmölproduktion durch nachhaltigen Anbau zu fördern und die bereits aufgeführte EU-Verordnung konsequent einzufordern.

Steigende Nachfrage nach Metallen

Der Bedarf an Metallen wird in Zukunft besonders im Kontext von Zukunftstechnologien steigen. Hierbei kommt der Digitalisierung und den Trägern regenerativer Energie aber auch der Elektromobilität besondere Bedeutung zu. Diese Technologien sind global erwünscht und werden gefördert, wodurch sich der wachsende Bedarf an mineralischen Rohstoffen begründet. Dies soll im Kontext eines möglichen Konflikts mit der Vernichtung von Regenwäldern etwas ausführlicher behandelt werden. Zunächst stellt sich die Frage, welche Ressourcen eingesetzt werden, damit die Digitalisierung nicht nur in Industrie- sondern auch in Entwicklungsländern den Stellenwert erlangt, den sie in unterschiedlichen Branchen bzw. Lebensbereichen zum Nutzen der Menschheit einnehmen soll.

Zu nennen sind die personalisierte Medizin bzw. das Gesundheitswesen, intelligente Mobilitätskonzepte mit elektronischen Leitsystemen, die industrielle Produktion 4.0, die neuen Finanzsysteme und die Landwirtschaft. (Reller 2020, S. 27) Aber auch die gewünschten und stark geförderten Technologien zur Erzeugung regenerativer Energie wie Windkraftanlagen und Solarzellen, Energiesparlampen, Hochleistungsbatterien für die Elektromobilität bzw. die Wasserstofftechnologie führen zu einem großen Verbrauch seltener Erden. (v. Hauff 2023, S. 28) Hinzu kommt der starke Preisverfall digitaler Geräte, der die Nachfrage weltweit zusätzlich fördert.

Vergleicht man den Bedarf des Jahres 2013 im Verhältnis zu dem Jahr 2035 wird deutlich, dass der Bedarf einiger Rohstoffe wie Lithium überdurchschnittlich stark steigt, während andere Rohstoffe weniger stark steigen bzw. der Bedarf an Zinn sogar sinkt. Es besteht jedoch der Trend, dass bei den meisten seltenen Erden bzw. Metallen für den genannten Zeitraum eine Zunahme prognostiziert wird. (Marscheider-Weidemann et al. 2016) Daher hat die EU im Jahr 2011 zunächst 14 Metalle als besonders kritisch eingestuft und im Jahr 2020 waren es bereits 30 Rohstoffe. (European Commission 2020, S. 2)

Die Ergebnisse der im Jahr 2020 durchgeführten Kritikalitätsanalyse wird in Abb. 5 dargestellt, wobei nur ausgewählte Metalle abgebildet werden.

Die horizontale Achse spiegelt die wirtschaftliche und die vertikale Achse das Angebotsrisiko wider. Die kritischen Rohstoffe befinden sich innerhalb des Rechtecks und damit innerhalb der Kritikalitätszone SR ≥ 1 und EI ≥ 2,8 der Grafik. Sie sind durch ein hohes Angebotsrisiko bei gleichzeitig hoher wirtschaftlicher Bedeutung gekennzeichnet und somit der Gruppe der kritischen Metalle zuzuordnen. Weitere kritische Metalle, die in der Abbildung nicht dargestellt werden, sind u. a. LSE, HSE, Magnesium, Bauxit Strontium, Titan, Wolfram und Tantal. Daraus wird deutlich, dass weitere Rohstoffquellen erschlossen werden und der Wettbewerb um Ressourcen in den kommenden Jahrzehnten intensiver wird. (v. Hauff 2023, S. 30) Daher wird gegenwärtig festgestellt, dass die Abhängigkeit von kritischen Metallen in zunehmendem Maße die heutige Abhängigkeit von Öl und Gas ersetzt.

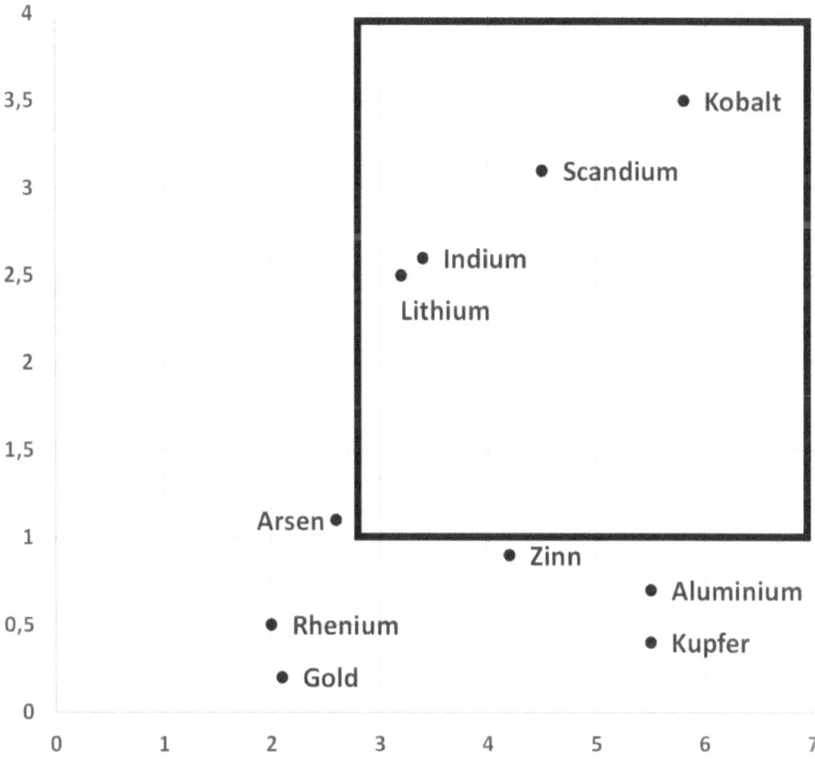

Abb. 5: Die wirtschaftliche Bedeutung und das Versorgungsrisiko – Ergebnisse der Kritikalitätsbewertung 2020 (Quelle: In Anlehnung an European Commission 2020, S. 3)

Dem steigenden Bedarf an ausgewählten Metallen, die in Regenwaldregionen abgebaut werden, steht nun die Vernichtung von Regenwald gegenüber. Dabei lässt sich feststellen, dass durch den Abbau von Metallen Regenwälder in vielen Ländern betroffen sind. So wird in der DR Kongo Tantal besonders für den Kondensatorbau und Kobalt für den Bau von Batterien abgebaut und exportiert. (Manhart et al. 2016, S. 4) Die DR Kongo gewinnt aus Bergwerken weiterhin Kupfer und Gold. Australien hat Vorkommen von Eisenerz, Kupfer und Gold aufzuweisen. Indonesien verfügt über Kupfer, Nickel und Gold während Peru über Kupfer und Gold verfügt. (Drobe 2019, S. 16) Insgesamt kann festgestellt werden, dass Bergbauaktivitäten in Bezug auf Entwaldung in Afrika und Asien eine große Bedeutung zukommt. (Hosonuma et al. 2012, S. 5) Besonders problematisch ist das schwer zu kontrollierende informelle Goldschürfen bzw. der informelle Abbau von Metallen, die hohe Umweltschäden verursachen.

Brasilien kommt in diesem Zusammenhang eine besondere Bedeutung zu. Daher soll Brasilien umfangreicher behandelt werden, um die Konfliktpotentiale klar aufzeigen zu können. Brasilien ist an mineralischen Rohstoffen ein besonders reiches Land. Etwa 80 verschiedene Metalle und Industriemineralien wie Niob, Kupfer, Mangan, Gold, Nickel und Zinn werden in dem Land gefördert. Die wissenschaftliche US-Behörde „*Geological Survey*“ schätzt, dass Brasilien noch über große Vorkommen an Nickel, Zinn, Tantal, Vanadium, Kupfer und dem Mineral Grafit verfügt.

Es gibt auch noch ein großes Potenzial an Kobalt, Lithium und seltenen Erden wobei viele dieser Vorkommen gerade erschlossen werden. Der größte Anteil von etwa 50 % wird in die EU exportiert. So liegt Brasilien nach den wirtschaftlich gewinnbringenden Ressourcen nach Australien und China auf dem dritten Rang. Nach Auskunft des brasilianischen Bergbauverbands Instituto Brasilileiro de Mineracao gab es im Jahr 2017 insgesamt 9.415 registrierte Bergbaubetriebe mit offizieller Konzession. (Colucci, Sanchez 2020, S. 6) Brasilien produzierte im Jahr 2018 Rohstoffe im Wert von 34 Milliarden US-Dollar.

Das Konfliktpotenzial wurde 2017 besonders deutlich, als die brasilianische Regierung ein Urwaldgebiet mit einer Fläche von 46.000 km^2 nördlich des Amazonasflusses für die Rohstoffförderung freigeben wollte. Der damalige sehr umstrittene Präsident Bolsonaro erließ ein Dekret wonach er den Schutzstatus des Reservats Renca zum Abbau der reichen Vorkommen an Kupfer, Gold, Eisenerz, Mangan und anderen Rohstoffen aufgehoben hatte. Das Vorhaben wurde mit der schlechten wirtschaftlichen Lage des Landes begründet. Die heftigen nationalen und internationalen Proteste warnten vor der Zerstörung des Regenwaldes dieser Region und dem Territorium der dort lebenden indigenen Bevölkerung. So wurde im gleichen Jahr die Entscheidung rückgängig gemacht. Etwa 69 % des Gebietes wurden in Naturschutzgebiete und indigene Reservate umgewandelt. Insgesamt kann man jedoch feststellen, dass die Entwaldungsrate in Brasilien drei Mal höher als die Durchschnittsentwaldungsrate war. (Sonter et al. 2017)

Die folgenden Ausführungen konzentrieren sich allgemein auf die Auswirkungen des Abbaus mineralischer Bodenschätze. Insgesamt kann festgestellt werden, dass die Entwaldung durch Bergbauaktivitäten geringer ist als jene durch die Landwirtschaft. Das unterscheidet sich jedoch regional ganz wesentlich. So ist beispielsweise in Guyana der Bergbau der hauptsächliche Treiber für die Entwaldung. Dabei hat die Entwaldung durch die Goldschürfung um ein Mehrfaches zugenommen. Ein weiteres Beispiel ist die peruanische Region Madre de Dios, wo sich in dem Zeitraum von 2003 bis 2009 die Entwaldung durch illegale Goldschürfung versechsfacht hat.

Dabei werden jedoch häufig nur die unmittelbar umweltbelastenden bzw. -zerstörerischen Folgen durch den Abbau mineralischer Rohstoffe in Form von Entwaldung berücksichtigt. Oft werden bei dem Abbau und der Verarbeitung giftige Substanzen und Schwermetalle aber auch Chemikalien wie Blei, Cyanid und Quecksilber eingesetzt, die in Luft und Wasser eintreten. Dadurch entstehen häufig große Mengen an belastetem Schlamm und Wasser die nicht sachgerecht aufgefangen bzw. gelagert werden und dadurch oft die Region und die dort lebenden Menschen gesundheitlich stark belasten.

2015 kam es zu einem besonders tragischen Ereignis, als der Damm eines Rückhaltebeckens einer Eisenerzmine in Brasilien barst und dabei viele Menschen umkamen und Millionen Kubikmeter hochbelasteten Bergbauschlamms den Fluss Rio Doce über etwa 600 km vergifteten. Das hat sich auf die Regionen entlang des Flusses verheerend ausgewirkt, indem die Existenz der dort lebenden Menschen zerstört wurde. Ähnliche Unfälle mit geringerem Ausmaß werden auch in anderen Ländern relativ oft beklagt, wobei sie nicht die internationale Aufmerksamkeit erfahren. (Rhoades 2015, S. 2)

Der hohe Verbrauch an Energie und Wasser, der bei dem Abbau von Metallen entsteht, führt häufig zu einem Konflikt zwischen den lokalen Gemeinden und den Bergbaufirmen. Dieser Konflikt lässt sich am Beispiel von Kupfer sehr gut aufzeigen. So stellt Reller fest, dass Kupfer eines der wichtigsten Metalle für die vom Menschen geschaffene Technosphäre war und in Zukunft bleiben wird. Neben den Leitermetallen Gold, Silber und Aluminium ist es das am weitesten verbreitete und installierte Strom- und Informationsleitermetall. Es lässt sich gegenwärtig nur schätzen, wie viele Millionen Tonnen Kupfer notwendig sind, um den Stromhunger der Digitalisierung zu befriedigen.

Ähnlich schwierig ist es die externalisierten Effekte, die in bestehenden oder neuen Bergwerken zukünftig zu erwarten sind, abzuschätzen. Metallgehalte von wenigen Gramm pro Tonne Erz führt zu großflächigen Abraumhalden. In einer Studie von zwei Kupferminen konnte gezeigt werden, dass beim Aufarbeiten von Kupferoxiderz pro Tonne Kupfer 40 m^3 Frischwasser eingesetzt werden müssen (Meißner 2021). Hinzu kommt, dass für die Gewinnung und die Raffination bei hohem Reinheitsgrad, wie er bei mikroelektronischen Funktionsmetallen notwendig ist, ein extremer Energieaufwand notwendig ist (Reller 2020, S. 31).

Für die Erreichung der Rohstoffvorkommen, d. h. die Errichtung von Bergwerken und deren Betreibung, erfordert vielfältige Anlagen bzw. Einrichtungen. Der Aufbau der notwendigen Infrastruktur beispielsweise von Straßen aber auch Siedlungen für die Arbeitskräfte führt zu einer zusätzlichen, oft unterschätzten, Entwaldung. (European Union 2013, S. 103) Eine weitere Beeinträchtigung entsteht, wenn sich eine Weiterverarbeitungsindustrie ansiedelt. Dabei werden oft auch Schutzgebiete bzw. Territorien indigener Bevölkerung betroffen. Ist der Abbau von Rohstoffen im Staatsinteresse, werden diese ausgebeutet bzw. es werden Konzessionen an nationale bzw. internationale Unternehmen vergeben. Dabei ist Korruption der Regierungen im Einklang mit den Bergbaubetrieben weit verbreitet. (OROVERDE 2023, S. 4) Durch den Bergbau entstehen oft regional „ökologische Wüsten“ die meistens nicht renaturiert werden.

Die sozialen Folgen treten häufig in ähnlicher Form auf. Sie werden stichwortartig genannt und werden dann an einem konkreten Beispiel verdeutlicht. Es beginnt vielfach mit der Vertreibung indigener Bevölkerung, die oft auch mit Waffengewalt stattfindet. Weiterhin herrschen oft gefährliche Arbeitsbedingungen ohne den erforderlichen Arbeitsschutz vor. Dabei kommt es auch oft zu grober Missachtung von Menschenrechten, indem z. B. Kinderarbeit weit verbreitet ist. Weiterhin ist eine adäquate medizinische Versorgung nicht gegeben, wodurch häufig Gesundheitsschäden durch Schwermetallvergiftungen auftreten und dadurch soziale Strukturen zerstört werden. Die Folgen sind u. a. Alkoholismus und Prostitution (WWF 2016, S. 55).

Fallbeispiel: Abbau von Kobalt im Kongo

Der Kongo gehört weltweit zu den rohstoffreichsten Ländern und gleichzeitig – gemessen an der Einkommenssituation der Bevölkerung – zu den ärmsten Nationen der Welt. Das Land verfügt über eine Vielfalt mineralischer Rohstoffe und hat weltweit die größten Vorkommen an Kobalt. Hierbei handelt es sich um ein wichtiges Material für die Herstellung von Akkus und Batterien, die in besonderem Maße für Elektroautos benötigt werden. Dabei gilt zu berücksichtigen, dass im Kongo viele Rohstoffe illegal abgebaut werden und die Einnahmen Rebellen und korrupten Regierungsmitgliedern zufließen. (v. Hauff 2023, S. 33)
Unter Leitung von Jennifer Dunn hat ein Forscherteam der *Nordwestern University/USA* die Situation des Kleinbergbaus in Lualaba/DR Kongo, der von Kooperativen kontrolliert wird, untersucht. Dabei ging es besonders darum die ökologischen und sozialen Missstände aufzuzeigen, die mit *„Wildwest-Mentalität"* verglichen wurden. Die zuvor genannten Missstände wurden auch im Rahmen der Untersuchung genannt: die Kobaltmienen haben Böden und Wasser verseucht, viele Menschen, die in den Regionen der Mienen leben erleiden durch die hohe Luftbelastung schwere Lungenkrankheiten, die Mienenarbeiter sind durch Radioaktivität, die von Kobalt- und Tantalerzen ausgehen, gesundheitlich in hohem Maße gefährdet, Kinderarbeit ist in den Minen weit verbreitet und die Entlohnung liegt unter dem Existenzminimum.
Daher kommen Dunn und ihr Team zu der Schlussfolgerung:

> „While driving an electric car has fewer environmental impacts than gasoline-powered cars, the production of the parts necessary for these green technologies can have dire effects on human well-being." (Dunn 2021, S. 1)
> In den Ressourcenstrategien der Industrieländer, geht es primär um eine gesicherte Rohstoffversorgung der Wirtschaft. Die negativen ökologischen und sozialen externen Effekte werden von der Politik weitgehend ignoriert.

Steigende Nachfrage nach Tropenholz

Der kommerzielle Holzeinschlag trägt ebenfalls zur Entwaldung von Regenwäldern bei. Tropenholz in Form von primären als auch sekundären Produkten kommt ganz wesentlich aus den Ländern Brasilien und Kamerun. Ein beachtlicher Teil wird weiterhin aus den Ländern Indonesien, und Gabun bezogen, während der Anteil aus den Ländern Malaysia, Kongo und der Elfenbeinküste eher gering ist. Allgemein lässt sich feststellen, dass der Export von Holz über verschiedene Regionen der Tropen verteilt ist, wobei einige afrikanische, südamerikanische und asiatische Staaten relativ hohe Exportanteile vorzuweisen haben. Im Jahr 2020 wurde primäres Tropenholz in der Gesamtmenge von 1.093.600 Tonnen exportiert. Der sekundäre Tropenholzexport betrug 175.800 Tonnen. Den größten Exportanteil hatte Afrika mit 49 %, gefolgt von Asien (26 %) und Südamerika (25 %). (Teeuwen et al. 2021, S. 22)

Dabei lassen sich unterschiedliche Vorgehensweisen bei der Holzgewinnung unterscheiden, die unterschiedlich intensive ökologische Folgen verursachen: vollständige Degradierung von tropischen Waldflächen und selektiver Holzeinschlag. (Meretz, Mannigel 2017, S. 3) Der selektive Holzeinschlag, der etwa 20 % entspricht, ist im asiatischen Raum am stärksten vorzufinden. Die größte Nachfrage kommt aus europäischen Ländern wie Belgien, Niederlande und Frankreich. (Teeuwen et al. 2021, S. 14) In diesem Zusammenhang ist das Vorkommen von besonders seltenen und teuren Holzarten wie Palisander- und Teakhölzer zu beachten.

Die vollständige Degradierung wirkt sich auf die Biodiversität, auf die ökologischen Systeme, aber auch auf die Abgabe von Kohlenstoffdioxyd negativ aus. So sind die entwaldeten Böden der Bodenerosion in besonderem Maße ausgesetzt. Die selektive Abholzung birgt die Gefahr, dass sie zur Zerstörung anderer Bäume führen kann und ebenfalls zum Ausstoß von Kohlenstoffdioxyd beiträgt. Weiterhin führt der Einsatz von schweren forstwirtschaftlichen Maschinen dazu, dass sich die Struktur der Böden verändert und sie weniger Regenwasser aufnehmen können. Schließlich nehmen Zwischenräume im „Kronendach“ der Wälder zu, wodurch die potenzielle Bedrohung von Waldbränden verstärkt wird. (Meretz, Mannigel 2017, S. 8 f) Bei dem Handel mit Tropenholz gilt zu beachten, dass Korruption den illegalen Handel stark befördert. Nach Schätzungen ist davon auszugehen, dass fast die Hälfte des Handels mit tropischem Holz als illegal einzustufen ist. Die Vorgehensweise lässt sich exemplarisch durch folgendes Fallbeispiel aus Ghana verdeutlichen.

Fallbeispiel Ghana: Palisanderholz

Palisanderholz ist in vielen Regionen Westafrikas schon vor dem Aussterben bedroht, wobei Ghana als Zentrum der Zerstörung gilt. Nach Vorgaben der Regierung ist es streng verboten Bäume der Gattung Dalbergia, aus denen Palisanderholz gewonnen wird, zu fällen. Recherchen der Organisation „Environmental Investigation Agency (EIA)" ergaben jedoch, wie durch Korruption und betrügerische Absprachen der illegale Palisanderhandel in Ghana betrieben wird.
So wurden mehr als 540.000 Tonnen Palisanderholz (das entspricht etwa 6 Millionen Bäumen) seit 2012 illegal nach China exportiert. Das wurde so realisiert, dass ghanaische und chinesische Händler amtliche Dokumente fälschten, indem Holzarten falsch deklariert wurden. Beschlagnahmte Hölzer werden dann wiederum durch korrupte Beamte bei Scheinversteigerungen verkauft. Auffällig ist, dass die chinesische Regierung offiziell Statistiken über den Palisanderhandel führt, obwohl dieser Holzhandel gegen das Washingtoner Artenschutzübereinkommen und gegen die nationale Gesetzgebung Ghanas verstößt. (Behrend 2019) Das führte in Ghana zu einer verheerenden ökologischen Krise.

Wie schon erläutert, sind in den Tropen viele Menschen vom Wald abhängig und insofern auf eine nachhaltige Nutzung des Waldes bei der Holzgewinnung angewiesen. Dabei sind Schutzgebiete von besonderer Bedeutung und müssen daher integraler Bestandteil einer ganzheitlichen Waldbewirtschaftungsstrategie sein. Daneben muss es aber auch Tropenwaldgebiete geben, die nachhaltig und naturverträglich genutzt werden können. Wie schon aus dem Fallbeispiel von Ghana deutlich wurde, wird die ganzheitliche bzw. nachhaltige Waldbewirtschaftung häufig durch Korruption untergraben.

Der selektive Tropenholzeinschlag kann ökologisch nachhaltig sein, wenn die entnommene Tropenholzmenge so bemessen wird, dass sie die biologische Vielfalt, Produktivität, Regenerationsfähigkeit und Vitalität des Waldes so gering wie möglich beeinträchtigt. In diesem Zusammenhang wird die Bewirtschaftungsmethode *„Reduced Impact Logging"*, d.h. eine geringe negative Auswirkung der Abholzung zu verursachen, seit vielen

Jahren diskutiert. Dabei geht es u. a. um das Ausweisen und die Berücksichtigung von Pufferzonen, Wasserläufen, Wildnisflächen und Biokorridore. Weiterhin sind geeignete Maßnahmen zur Vermeidung der genannten Gefahren hinsichtlich der Zerstörung von umliegenden Bäumen und dem Einsatz schwerer forstwirtschaftlicher Maschinen zu ergreifen. Dadurch wird die Struktur und Beschaffenheit des Waldes weniger beeinträchtigt, die Bodenverdichtung reduziert sich weniger und es wird mehr Biomasse erhalten.

Resümee

Ein kurzes Resümee zu den Treibern der Entforstung von Regenwäldern und ihren negativen Folgen. (FAO 2016):

- Die Ausgangssituation ist: Die globale Waldfläche ist in dem Zeitraum von 1990 bis 2015 um 129 Millionen Hektar zurück gegangen und beträgt heute noch etwa 4 Milliarden Hektar.
- Viele Menschen sind direkt oder indirekt z. B. über ihr Konsumverhalten für die Entwaldung mit verantwortlich.
- Obwohl sich die jährliche Verlustrate verlangsamt hat, ist der anhaltende Verlust der globalen Waldfläche im Hinblick auf den Klimawandel eines der großen Probleme der Weltbevölkerung.
- Der Verlust an Waldfläche betrifft besonders die Armutsbevölkerung, deren Lebensunterhalt von Gütern des Waldes abhängt.
- Der Klimawandel, unter dem die Armutsbevölkerung in vielen Regionen weltweit durch Dürren, Überflutungen und Stürme in besonderem Maße zu leiden haben, verschärft die negativen Folgen für SDG 1 und SDG 2.
- Der Schutz der Lebensräume für 75 Prozent der terrestrischen Artenvielfalt der Welt und die Widerstandsfähigkeit von Ökosystemen verringert sich.
- Der Großteil des Waldflächenverlustes hat in den letzten 25 Jahren „*the tropical climatic domain*" betroffen, wo die Bevölkerung – einschließlich in den ländlichen Gebieten – noch wächst und überwiegend der Armutsbevölkerung zuzurechnen ist. Dies wirkt sich auch negativ auf die Einkommensentwicklung der einkommensschwachen Bevölkerung aus.

4.4 Fazit: Maßnahmen gegen Regenwaldverluste aus kommerziellem Interesse am Beispiel der EU-Verordnung

Der EU-Richtlinienentwurf für unternehmerische Sorgfaltspflichten und die EU-Verordnung für entwaldungsfreie Agrarlieferketten

Es ist positiv festzustellen, dass Regenwaldverluste aus kommerziellem Interesse zunehmend mehr Beachtung finden. Eine allgemeine Vorstufe zur Lösung bzw. Verringerung des Problems ist das EU-Lieferkettengesetz. Die Europäische Kommission hat am 23. Februar 2022 den Vorschlag für eine Richtlinie zur nachhaltigen Unternehmensführung (Richtlinienentwurf) vorgelegt. Der Entwurf enthält sowohl menschenrechtliche als auch umweltbezogene Sorgfaltspflichten. Danach sollen Unternehmen von der EU vorgegebene Sorgfaltspflichten umsetzen und dadurch negative Auswirkungen ihrer Geschäftstätigkeiten im Rahmen ihrer Wertschöpfungsketten auf Menschenrechte und Umwelt innerhalb und außerhalb von Europa vermeiden.

Die Begründung wird wie folgt formuliert:

> „Die EU-Wirtschaft steht über globale Wertschöpfungsketten in Verbindung mit Millionen von Arbeitnehmern in der ganzen Welt, was mit einer Verantwortung einhergeht, gegen negative Auswirkungen auf die Rechte dieser Arbeitnehmer vorzugehen." (EU 2022, S. 1)

Konkret geht es darum Risiken entlang der gesamten Wertschöpfungsketten zu ermitteln Präventions- und Abhilfemaßnahmen zu ergreifen und darüber zu berichten. In Artikel 2 wird der Geltungsbereich geregelt. In diesem Zusammenhang wird festgelegt, welche Unternehmen entsprechend ihrer Größe davon betroffen sind. Dabei geht es um die Beschäftigtenzahl und den erzielten Nettoumsatz pro Geschäftsjahr sowie dem jeweiligen Schadenspotenzial der Branche. Weiterhin soll die Unternehmensstrategie bestimmter Großunternehmen mit den Zielen des Pariser Klimaabkommens übereinstimmen. Das soll entsprechend nachgewiesen werden. Die einzelnen Vorgaben werden in dem Schaubild aufgeführt.

	Gruppe 1	Gruppe 2
EU-Unternehmen	Im Durchschnitt mehr als **500 Mitarbeiter*innen** & ein weltweiter **Nettoumsatz** von über **150 Mio. EUR** pro Geschäftsjahr.	Im Durchschnitt mehr als **250 Mitarbeiter*innen** & ein weltweiter **Nettoumsatz** von **über 40 Mio. EUR** pro Geschäftsjahr, sofern **mind. 50 %** dieses Nettoumsatzes in einer oder mehreren **Branchen mit großem Schadenspotenzial** erzielt wurde. Branche mit Schadenspotenzial (u. a.): Textil, Landwirtschaft oder Mineralgewinnungssektor.
	Betrifft aktuell **ca. 9.400** Unternehmen.	Betrifft aktuell **ca. 3.400** Unternehmen.
Unternehmen aus Drittländern	**In der EU erwirtschafteter Nettoumsatz** von **über 150 Mio. EUR** pro Geschäftsjahr.	**In der EU erwirtschafteter Nettoumsatz** von **über 40 Mio. EUR** pro Geschäftsjahr und **mind. 50 %** dieses Nettoumsatzes in einer oder mehreren **Branchen mit großem Schadenspotenzial**.
	Betrifft aktuell **ca. 2.600** Unternehmen.	Betrifft aktuell **ca. 1.400** Unternehmen

Abb. 6: Geltungsbereich der geplanten EU-Richtlinie (Quelle: In Anlehnung an EU-Kommission 2022, S. 58 f)

Sehr viel konkreter im Kontext von Waldverlusten ist die schon erwähnte EU-Verordnung zur Bekämpfung der weltweiten Entwaldung und Waldschädigung infolge von Produktion und Verbrauch in der EU, der das Europäische Parlament am 19. April 2023 zustimmte. Während die EU-Verordnung für entwaldungsfreie Agrarlieferketten inhaltlich feststeht, hat die Verhandlungsrunde zwischen Rat, Europäischem Parlament und der Europäischen Kommission bei der EU-Richtlinie für unternehmerische Sorgfaltspflichten gerade erst begonnen.

Bei der EU-Verordnung handelt es sich um ein weltweit einmaliges Vorhaben, das auf andere Länder bzw. Ländervereinigungen wie ASEAN, MERCOSUR oder NAFTA (*North American Free Trade Agreement*) ausstrahlen könnte bzw. sollte. Diese Verordnung geht ganz zentral davon aus, wie schon ausführlich behandelt wurde, dass Entwaldung und Waldschädigung in vielfältiger Weise die globale Klimakrise verschärfen und zum Verlust an biologischer Vielfalt beitragen.

Dabei wird beklagt, dass 90 % der Entwaldung durch nicht nachhaltige Landwirtschaft verursacht wird. Bei dem globalen Ausstoß von Treibhausgasen steht die Entwaldung nach den fossilen Energieträgern an zweiter Stelle und trägt somit maßgeblich zum Klimawandel bei. Nach einer Studie des World Wildlife Fund importiert die EU jährlich Holz und Agrarprodukte von mehreren Milliarden. Rechnet man die Importe der Entwaldung zu, so liegt die EU nach China auf dem zweiten Platz. (WWF 2022) Daher sind entwaldungsfreie Lieferketten ein wichtiges Vorhaben für eine nachhaltige Landwirtschaft. Das betrifft auch die Nachbesserung bestehender Regularien wie der EU-Holzhandels-Verordnung.

Mit der Verordnung kommt die EU langjährigen Forderungen bzw. Initiativen u. a. auch aus Deutschland nach. So hatte beispielsweise das Bundesministerium für Ernährung und Landwirtschaft (BMEL) 2021 das *„Nationale Stakeholderforum für Entwaldungsfreie Lieferketten“* gegründet. Damit erfüllt die EU aber auch internationale Verpflichtungen zum Waldschutz. Zu nennen ist das Übereinkommen von Paris und die Agenda 2030 im Kontext der SDGs 12 *„Nachhaltige Konsum- und Produktionsmuster sicherstellen“* und SDG 15

> “Landökosysteme schützen, wiederherstellen und ihre nachhaltige Nutzung fördern, Wälder nachhaltig bewirtschaften, Wüstenbildung bekämpfen, Bodendegradation beenden und umkehren und dem Verlust der biologischen Vielfalt ein Ende setzen.“

Die neue Verordnung gegen Entwaldung soll dazu führen EU-Schwächen beispielsweise bei der bisherigen Regelung gegenüber illegalem Holzhandel zu überwinden und zu einem nachhaltigen Waldschutz beizutragen.

Die neue Verordnung zielt darauf ab, die unternehmerische Sorgfaltspflicht auf den Handel mit folgenden Produkten anzuwenden: Soja, Palmöl, Rinder, Kaffee, Kakao, Kautschuk und Holz. Das gilt auch für Erzeugnisse, die aus den genannten Produkten hergestellt werden. Sie dürfen weder importiert noch exportiert werden. Die Erzeugnisse dürfen nur dann in den Handel gebracht werden, wenn sie entwaldungs- und waldschädigungsfrei sind. Konkret geht es darum, dass die genannten Produkte nicht auf Flächen produziert wurden, die seit dem 31.1.2020 entwaldet wurden.

Es wird von Unternehmen weiterhin verlangt, dass die Agrarprodukte der Gesetzgebung des Herkunftslandes entsprechen.

> „Darunter fallen Rechte zur Landnutzung, Arbeitsrechte, international verankerte Menschenrechte, eine freiwillige vorherige und informierte Einverständniserklärung, wie sie in der Erklärung der Vereinten Nationen über die Rechte der indigenen Völker gefordert ist, sowie Anti-Korruptions-Gesetze." (Human Rights Watch 2023, S. 2)

Die EU-Mitgliedsstaaten sind für die Kontrolle und für mögliche Sanktionen zuständig. Um die Verordnung bundeseinheitlich und vollständig zu erfüllen, muss das geltende Unionsrecht nicht in nationales Recht umgesetzt werden. Für die Erfüllung sind jedoch zusätzliche gesetzliche Durchführungsbestimmungen notwendig. Die Bundesanstalt für Landwirtschaft und Ernährung (BLE) ist in Deutschland für die Durchführung der Verordnung zuständig.

Wie effektiv die EU-Verordnung sein wird, hängt von der strikten Umsetzung durch jedes EU-Mitgliedsland und von der konkreten Unterstützung ab, die von der EU ihren Handelspartnern angeboten wird. Dabei gibt es bereits Kontroversen pro und contra der Verordnung. Vielen Umweltschutzverbänden geht die Verordnung nicht weit genug. Unternehmensverbände dagegen beklagen, dass die Verordnung für Unternehmen eine Überforderung bedeute und daher abgeschwächt werden sollte. Daher bleibt abzuwarten in welcher Form die EU-Verordnung auf der Ebene der einzelnen EU-Mitgliedsländer umgesetzt wird.

Weiterhin geht es darum, dass die EU-Mitgliedsstaaten zuständige Durchsetzungsstellen einsetzen und die Mitarbeiter eine entsprechende Schulung erhalten. Schließlich hängt es auch von dem Verhalten der Regierungen der Drittländer mit großen Regenwaldregionen ab. Dabei geht es um den Abbau bzw. die Vermeidung der bisher weit verbreiteten Korruption, die oft zur illegalen Abholzung führt. Eine entsprechende Verordnung zum entwaldungsfreien Bergbau gibt es bisher nicht.

Einen gewissen Bezug zum entwaldungsfreien Bergbau hat jedoch der *„Circular Economy Action Plan"* der EU, der eine zentrale Säule des *„European Green Deal"* ist. Durch eine Verbesserung der Haltbarkeit, der Wiederverwendbarkeit, der Nachrüstbarkeit und der Reparierbarkeit von Produkten soll die Ressourceneffizienz und damit eine Verringerung des Verbrauchs von mineralischen Ressourcen erzielt werden. Es geht darum, die Ausbeutung der mineralischen Rohstoffvorkommen besonders in Regenwäldern zu verringern. Dadurch können erhebliche Einsparungen von Metallen in allen Wertschöpfungsketten und Produktionsprozessen erzielt werden. In diesem Zusammenhang wird auch eine Erhöhung des Rezyklat-Anteils in Produkten bei gleichzeitiger Gewährleistung von deren Leistungsfähigkeit und Sicherheit festgelegt. (v. Hauff 2023, S. 71)

Nach Schätzungen der United Nations entstehen weltweit jährlich 20-50 Millionen Tonnen Elektro Müll. Dazu gehören auch wertvolle und stark nachgefragte Metalle wie Gold und Kupfer. Ein weiteres Potenzial besteht darin, dass weltweit nach Schätzungen 225 Millionen Tonnen Kupfer auf Mülldeponien liegen. Berücksichtigt man, dass eine Tonne Golderz etwa ein Gramm Gold und eine Tonne Kupfererz nur 3,7 Kilogramm Kupfer enthält, so wird die Relevanz von Recycling deutlich. (Rhoades 2015, S. 3)

5 Folgen zunehmender Entwaldung tropischer Regenwälder

Die Ausführungen besonders der Kapitel drei und vier haben bereits eine Reihe von negativen Folgen der zunehmenden Entwaldung tropischer Regenwälder aufgezeigt. Besondres hervorzuheben sind die extremen Wetterereignisse wie Überschwemmungen und Trockenperioden die oft Waldbrände auslösen. Die folgenden Ausführungen konzentrieren sich auf die viel und teilweise auch kontrovers diskutierte Frage wie groß die Gefahr von Kipppunkten (Tipping Points) ist. Dabei geht es um bestimmte Schwellenwerte im Klimasystem der Erde. Entscheidend sind „early warning indicators", die aufzeigen, wie groß die Gefahr des Eintretens eines Kipppunkts bzw. wie die Resilienz des Vegetationssystems des Amazons ist. (Boulton et al. 2022, S. 271)

Ein Überschreiten der Schwellenwerte führt in der Regel zu irreversiblen Veränderungen bzw. Schädigungen dieses Systems. Daher ist es von großer Bedeutung Risiken von Kipppunkten rechtzeitig zu erkennen und ihnen mit geeigneten Maßnahmen entgegenzuwirken. Bei Kipppunkten handelt sich um ein komplexes Phänomen von Wechselwirkungen, das hier nur in seinen Grundzügen am Beispiel des Amazonasgebiets aufgezeigt werden soll.

Das Amazonas-Biom[5] mit einer Gesamtfläche von 6,7 Millionen Quadratkilometern reicht über die Grenzen von acht Staaten hinweg. Es liegt außerdem teilweise auf dem Gebiet des französischen Überseeterritoriums Französisch-Guyana. Den größten Anteil am Amazonas hat, wie aus dem Schaubild zu entnehmen ist, Brasilien mit 60,1 %. Wie bereits erwähnt, zeichnet sich das Amazonas-Biom überwiegend durch feuchten tropischen Regenwald aus. Es ist weltweit der größte Regenwald. Es stellt sich nun die Frage, ob bestimmte Kipppunkte in einer gewissen Zeitspanne überschritten werden können bzw. ob gegebenenfalls Kippunkte bereits überschritten wurden. Das folgende Schaubild zeigt, welche Länder mit welchen Anteilen zum Amazonas-Biom dazu gehören.

5 Ein Biom bezeichnet das vorherrschende Ökosystem eines größeren geographischen Bereichs.

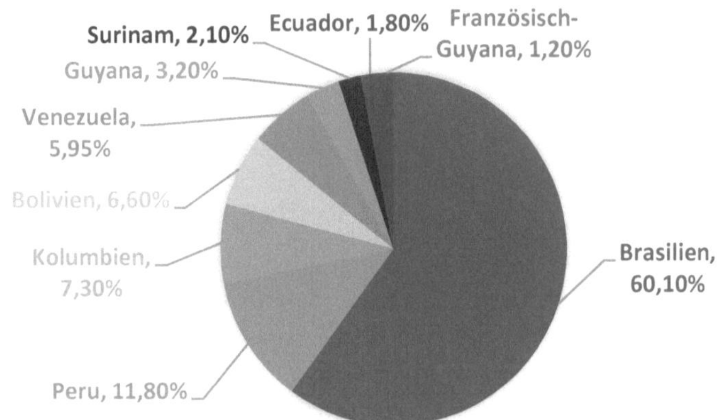

Abb. 7: Zugehörigkeit Südamerikanischer Staaten zum Amazonas-Biom (Quelle: in Anlehnung an Statista 2023)

In der WWF Studie *„Ranking The Amazon"* wird aufgezeigt, dass mehr als ein Drittel (34 %) der Fläche des Amazonas-Bioms mindestens einen der vier theoretischen Kipppunkte erreicht hat, die vom *Science Panel for the Amazon* ermittelt wurden:

- Jahresniederschlag weniger als 1.000-1.500 mm/yr,
- die Länge einer Trockenzeit steigt auf über sieben Monate,
- kumulierte Abholzung und Umwandlung natürlicher Ökosysteme von mindestens 20-25 % der ursprünglichen Fläche,
- durchschnittliche globale Erwärmung.

> "These four set points are associated with observations which allow us to track how much of the biome has experienced these theorised, critical thresholds." (WWF 2022, S. 14)

Das Eintreten der Kipppunkte hat vielfältige Auswirkungen, die in interne und globale Folgewirkungen unterschieden werden können. Dabei gibt es für die Ursachen der Kipppunkte Überschneidungen, wie die globale Klimaerwärmung, die hier jedoch nicht näher aufgezeigt werden. Zu den internen Folgen sind die zunehmenden Wetterextrema wie die intensiven Dürren der Jahre 2005, 2010 und 2016 zu nennen.

In den Jahren 2009, 2012 und 2014 kam es zu einer Vielzahl von Überschwemmungen. (Dauriach et al. 2019, S. 10) Das schränkt den Amazonas als Kohlenstoffdioxid Senke ein. Durch die Dürreperioden hat die Zahl und Intensität von Bränden zugenommen, was zu einem weiteren Verlust an Waldfläche führte. Dieser Effekt wird durch Brandrodung verstärkt. Brände wirken sich oft auch negativ auf die angrenzenden Waldflächen aus. Daraus folgt eine Austrocknung von Waldflächen, wodurch das Risiko von Waldbränden in den kommenden Jahren weiter steigt. (Lovejoy, Nobre 2018, S. 1)

Ein weiteres Phänomen ist, dass seit dem Jahr 2000 sich die Niederschläge auf 69 % verringert haben, was dazu führen wird, dass die Hitze im Amazonasgebiet steigt und Dürreperioden zunehmen. (Charity et al. 2016, S. 73) Der starke Rückgang der Niederschläge hat drastische Folgen für die Ernährungssicherheit der in dieser Region lebenden Menschen. Durch die Abholzung kommt es auch zu einer geringeren Verdunstung über Blätter, was die hoch relevante Feuchtigkeit für den Regenwald verringert.

Der Kipppunkt könnte durch eine zusätzliche Entwaldung eintreten. So wird davon ausgegangen, dass bei einer Abholzungsrate von etwa 40 % der Kipppunkt eintreten wird und dadurch das ökologische System zum „Umkippen“ gebracht wird. (Dauriach et al. 2019, S. 10) Eine Folge wäre, dass sich große Waldflächen in Buschland bzw. Savannen verwandeln und dadurch die Aufnahmekapazität von Kohlenstoffdioxid stark eingeschränkt würde. Gleichzeitig würden große Mengen an Kohlenstoffdioxid freigesetzt. Dies hätte auch für die Artenvielfalt aber auch für die indigene Bevölkerung verheerende Folgen. Dabei ist festzustellen, dass fünf Amazonas Anreinerstaaten 70 % ihres BIP aus der Agrarindustrie, der Wasserkraft und der Schwerindustrie erwirtschaften. Die durch den Amazonas Regenwald erzeugten Niederschläge sind für einen großen Teil der Bevölkerung bzw. der Wirtschaft dieser Länder von existenzieller Bedeutung. (Schultheiß 2023)

Global ist zu erwarten, dass der Klimawandel sich dadurch verschärft und dass sich das Amazonasgebiet von einer Kohlenstoffsenke in eine Kohlenstoffquelle wandelt. Dadurch würde der Regenwald in eine Savanne transformiert, wodurch die Temperatur weiter ansteigt. (Lenton et al. 2019, S. 593) So können die veränderten Niederschlagsmengen die Ernährungssicherheit in Ländern jenseits des Regenwaldes gefährden. Schließlich ist zu erwarten, dass sich auch global die Niederschlagsmuster verändern.

Fazit

"Boulton et al, 2022 find evidence of rising dieback in more than three-quarters of the Amazon Forest, since the early 2000s, consistent with a loss of resilience. Exploring past growth rates in trees from their rings, has also revealed that rates of growth (measured via net above-ground biomass) have declined by one-third during the past decade, compared to the 1990s..... This is a consequence of tree growth rate levelling off in recent years, as moisture has become a growth limiting factor, and tree longevity has shortened." (Boulton et al. 2022, S. 272)

6 Nationale und internationale Programme zum Schutz von Regenwäldern

Es gibt eine Vielzahl von Programmen zum Schutz von Regenwäldern auf nationaler und internationaler Ebene. Sie werden hier nur exemplarisch vorgestellt. Das aktuelle Programm ist die EU-Verordnung zur Bekämpfung der weltweiten Entwaldung und Waldschädigung. Sie zielt darauf ab, dass bestimmte Rohstoffe und Erzeugnisse nur dann in den Unionsmarkt ein- oder ausgeführt oder bereitgestellt werden dürfen, wenn diese nicht mit Entwaldung und Waldschädigung in Verbindung stehen. Diese Verordnung soll nicht noch einmal vorgestellt werden, zumal noch nicht abzuschätzen ist, wie sie von den EU-Mitgliedsstaaten aufgenommen und umgesetzt wird.

Eine besondere Beachtung fand das bekannte Schutzprogramm REDD+. Dabei geht es um die folgende Annahme: Wälder sind eine kosteneffiziente und naturbasierte Lösung, die zu einer Emissionsminderung bis zu einem Drittel beitragen können und damit einen wesentlichen Beitrag zur Begrenzung der globalen Erwärmung auf deutlich unter 2° C leisten können. Das Minderungspotenzial von Wäldern von über 5 GtCO_2 pro Jahr setzt voraus, dass der Waldverlust und die Walddegradierung gestoppt werden und eine nachhaltige Waldbewirtschaftung, Erhaltung und Wiederherstellung (REDD+) ermöglicht wird. Es handelt sich um einen Lösungsansatz zur Eindämmung des Klimawandels, wobei das Rahmenwerk, das sogenannte Warschauer Rahmenwerk, 2013 in Warschau angenommen wurde. Es enthält methodische und finanzielle Leitlinien für die Umsetzung von REDD+ Aktivitäten. (UN-REDD Programme 2016, S. 1)

Dabei kam es jedoch zu intensiven Diskussionen besonders über die Frage der Finanzierung. Es standen sich handelbare Emissionszertifikate, also das marktbasierte Konzept der Finanzierung durch einen internationalen Fond gegenüber, der durch die Geberländer getragen werden sollte. Diese Kontroverse besteht im Prinzip bis heute. So kam es beispielsweise bei der UN-Klimakonferenz 2019 in Madrid zu Protesten gegenüber dem marktbasierten Ansatz. Das führte dazu, dass in dem Verhandlungstext beide Finanzierungsmodelle aufgeführt wurden.

Im Rahmen des Pariser Abkommens wurde der „REDD+"-Rahmen zum Schutz der Wälder geschaffen. REDD steht für „Reduktion von Emissionen aus Entwaldung und Waldschädigung in Entwicklungsländern". Das „+" steht für zusätzliche waldbezogene Aktivitäten zum Schutz des Klimas, nämlich die nachhaltige Bewirtschaftung der Wälder, als auch der Wiederaufbau von Wäldern bzw. die Erhaltung und Verbesserung der Kohlenstoffvorräte der Wälder. Ein weiterer Bestandteil des Programms ist der Schutz der indigenen Bevölkerung und der Artenvielfalt. (BMZ 2015, S. 11) Im Rahmen dieser REDD+-Aktivitäten können besonders arme Entwicklungsländer ergebnisabhängige finanzielle Zuwendungen für Emissionsreduzierungen erhalten, wenn sie die Entwaldung reduzieren. Dies ist ein wichtiger Anreiz für ihre Bemühungen. Das UN-REDD+ Programm hat seit 2008 65 Partnerländer bei ihren nationalen Bemühungen, sich für ergebnisorientierte Finanzmittel zu qualifizieren, unterstützt. Die folgenden Ausführungen präsentieren einige Ergebnisse (Sandker et al. 2020):

- Fünfzig Länder haben dem UNFCCC 60 FREL/FRL zur technischen Bewertung vorgelegt. Diese eingereichten Waldreferenzwerte (FREL/FRL) decken zusammen eine Waldfläche von ca. 1,35 Mrd. ha (33 % der weltweiten Waldfläche) ab. 75 % der weltweiten Entwaldung entfallen auf die Länder, die einen REDD+ FREL/FRL beim UNFCCC eingereicht haben (laut der FAO Global Forest Resources Assessment). Darüber hinaus waren 82 % der FREL/FRL auf nationaler Ebene angesiedelt, und 80 % verwendeten Durchschnittsemissionen/-entnahmen aus der Vergangenheit, um ihre FREL/FRL zu erstellen.
- Dreizehn Länder meldeten der UNFCCC ihre REDD+-Ergebnisse in 17 Ergebnisberichten (im technischen REDD+-Anhang ihrer zweijährigen Aktualisierungsberichte). Es wurden Ergebnisse für alle REDD+-Aktivitäten gemeldet, obwohl kein einziges Land alle REDD+-Aktivitäten abdeckte. Der Großteil aller gemeldeten Ergebnisse stammt aus der Reduzierung von Emissionen durch Verringerung der Entwaldung (98 %). Die gemeldeten REDD+-Ergebnisse belaufen sich auf insgesamt 9,03 Milliarden Tonnen Kohlendioxidäquivalent (tCO2eq). Der größte Teil davon (90,4 %) sind die von Brasilien gemeldeten Emissionsminderungen.
- Das UNFCCC veröffentlichte 45 technische FREL/FRL-Bewertungsberichte und 14 technische Analyseberichte über REDD+-Ergebnisse. Für 43 der 45 abgeschlossenen technischen Bewertungen (96 %) hatten die Länder einen geänderten FREL/FRL eingereicht, und 33 dieser 43 geänderten FREL/FRL-Einreichungen (77 %) änderten den FREL/FRL-Wert

als Ergebnis der technischen Bewertung. Der Berichterstattungsprozess führt zu methodischen Verbesserungen, die den Ländern dabei helfen, zu robusteren stichprobenbasierten Ansätzen überzugehen. Mit diesen Verbesserungen verringern die Länder auch Unsicherheiten, was für die Transparenz entscheidend ist.

- Schließlich wurden sechs Finanzierungsvorschläge für ergebnisabhängige REDD+-Zahlungen durch den Green Climate Fund (GCF) genehmigt. Der Fonds genehmigte Vorschläge für ergebnisbasierte Zahlungen aus Brasilien, Chile, Kolumbien, Ecuador, Indonesien und Paraguay in Höhe von insgesamt 361 Millionen US-Dollar.

Es wurde schon früh erkannt, dass finanzielle Zuwendungen zur Vermeidung von Entwaldung eine wichtige politische Maßnahme sind. Finanzielle Zuwendungen haben somit das Potenzial die Emissionen aus Entwaldung und Degradierung zu reduzieren. Dabei geht es im Kontext von nachhaltiger Entwicklung auch um die Frage, wie die finanziellen Zuwendungen effektiver, effizienter und fairer gestaltet werden können. (Kaimovitz 2008) Insgesamt kann festgestellt werden, dass sich Deutschland bei der Förderung des REDD+-Programms in vielfältiger Weise engagiert hat. So wurde in diesem Zusammenhang mit Unterstützung des Bundesministeriums für wirtschaftliche Zusammenarbeit und Entwicklung (BMZ) das Schutzprogramm REM (REDD Early Movers) eingeführt.

REM zielt darauf ab für mögliche Vorreiter bei dem Schutz des Klimas und dem Erhalt von Wäldern eine Entlohnung bereit zu stellen. (BMZ 2015, S. 26) Das Schutzprogramm fand bei einigen südamerikanischen Ländern Zustimmung. Kolumbien wurde 2015 in das Schutzprogramm aufgenommen. 2016 kam es jedoch in Kolumbien zu einer starken Entwaldung, weshalb die Förderung nicht möglich wurde. Die Regierung Kolumbiens hat sich jedoch 2019 erneut im Rahmen von Joint Declaration of Intend (JDI) zu ehrgeizigen Zielen bei der Minderung von Treibhausgasemissionen aus der Entwaldung verpflichtet. Daher soll Kolumbiens Regierung unterstützt werden seine ambitionierten Ziele für Waldschutz und nachhaltige Entwicklung umzusetzen. Die finanzielle Förderung ist auf die Gebiete der kolumbianischen Amazonasregien ausgerichtet in der es bisher zu der höchsten Entwaldung kam. (KfW 2022) Stellvertretend für die vielen nationalen oder länderübergreifenden Programme sollen noch drei Schutzprogramme kurz vorgestellt werden:

Socio Bosque Ecuaor

Das Schutzprogramm wurde 2008 in Ecuador eingeführt. Das Programm bietet den ärmsten privaten und kommunalen Waldbesitzern jährliche finanzielle Zuwendungen für jeden erhaltenen Hektar Waldfläche. Zwischen 20 und 50 Hektar erhalten sie 30 US-Dollar. Für größere Flächen erhalten die Landbesitzer geringere Beträge, so dass die Kleinbauern besonders profitieren. Von den Empfängern wird auch ein nachhaltiger Bewirtschaftungsplan gefordert, mit dem sich Landwirte und Hirten vorstellen, wie sie ihr Land produktiv nutzen und den Waldbestand erhalten. Die jeweiligen Fortschritte werden von der Regierung überprüft. (United Nations Development Programme 2018)

Das Programm wurde ausdrücklich für die ärmsten Landbesitzer konzipiert und wurde von vielen Antragsberechtigten angenommen. In das Schutzprogramm wurden seit 2008 61 Millionen US Dollar in den Schutz der Wälder im ganzen Land investiert. Bis 2016 wurden 2.800 20-Jahresvereinbarungen mit privaten Landbesitzern und Gemeinden mit einer Fläche von etwa 1,5 Millionen Hektar von den angestrebten 4 Millionen Hektar geschützt. So ist die jährliche Nettoentwaldung von 77.000 Millionen Hektar auf 44.000 Millionen Hektar zurück gegangen. In diesem Kontext hat Ecuador seine Treibhausgasemissionen gesenkt und ihre Zusage zum Pariser Abkommen eingehalten. (Zipfel 2020)

FORCLIME Indonesien

Dieses Schutzprogramm wurde mit Unterstützung der Deutschen Entwicklungszusammenarbeit durch die GIZ (Gesellschaft für internationale Zusammenarbeit) in Kooperation mit der indonesischen Regierung initiiert. Das Ziel ist, Treibhausgasemissionen zu verringern und die Entwaldung zu senken. Die soziale Komponente zielt in diesem Programm darauf ab, die Lebensbedingungen der armen ländlichen Bevölkerung in Ostindonesien, besonders ausgerichtet auf die Distrikte Malinau und Berau in Ostkalimantan und Kapuas Hulu in Westkalimantan, zu verbessern. Eine zweite Phase wird Gebiete auf Sumatra mit einbeziehen. Eine Ausweitung auf Sulawesi ist in Planung.

Bei der Ausarbeitung und Umsetzung sollen die Regierung und die Provinzbehörden das Projektteam unterstützen. Im Prinzip geht es darum Erfahrungen aus dem REPP+ zu vermitteln. Somit unterstützt die indonesische Regierung im Rahmen des Programms „Wälder und Klimawandel" (FORCLIME) um dabei den Klimawandel durch eine Reform des Forstsektors abzumildern. Im Mittelpunkt stehen eine nachhaltige Waldbewirtschaftung und der Erhalt der biologischen Vielfalt. (GIZ 2018)

Kongobecken

Das Kongobecken weist die zweitgrößten zusammenhängenden Regenwälder der Welt auf und es gehört zu den kohlenstoff- und artenreichsten Gebieten weltweit. Dieses riesige Klimaschutzpotenzial wurde lange vernachlässigt. Das Kongobecken fand auf der UN-Klimakonferenz COP26 in Glasgow 2021 durch die von 124 Staaten verabschiedete Erklärung, in der sie sich verpflichteten, Waldverluste und Landdegradation bis 2030 zu stoppen und umzukehren, mehr Aufmerksamkeit. Dabei verpflichteten sich 100 Staaten die weltweite Waldvernichtung und Landdegradierung bis zum Jahr 2030 zu stoppen. Zu den Unterzeichnern gehörten u. a. neben Deutschland, die EU, Russland, China und Brasilien.

Auf dieser Weltklimakonferenz haben 12 Staaten und Organisationen erklärt, dass diese Region gemeinsam besser geschützt werden muss. Hierfür sollten für die nächsten fünf Jahre 1,5 Milliarden US Dollar bereitgestellt werden. In der Erklärung wird festgestellt:

> „Wir erkennen die Ökosystemgüter und -dienstleistungen an, die aus den Wäldern des Kongobeckens in Zentralafrika, der zweitgrößten tropischen Regenwaldregion der Welt, stammen. (...) Sie bilden die Grundlage für eine nachhaltige Entwicklung und sind für den Lebensunterhalt und die Kultur der indigenen Völker und lokalen Gemeinschaften von entscheidender Bedeutung."

Während der Klimakonferenz kündigte die Demokratische Republik Kongo an, ihre Verträge mit Rundholzexportunternehmen zu überprüfen. Danach folgte ein Exportverbot für Rundholz. Der Initiative gegen die Entwaldung haben sich sechzehn Länder des Kongobeckens und Marokko angeschlossen. Die Bemühungen der Regierung des Kongos wurden sowohl durch die Klimakonferenz in Glasgow aber auch durch die Studie von Global Forest Watch, wonach das Land die zweite Entwaldungsfront weltweit aufweist, gefördert. Positiv ist hierzu festzustellen, dass die Regierung der Demokratischen Republik Kongo u. a. ein großes Aufforstungsprogramm von einer Milliarde Bäumen bis 2023 realisieren möchte. Ob und in welchem Maße sich diese Vorhaben wirklich umsetzen lassen, bleibt abzuwarten.

Noch importieren asiatische und europäische Länder illegal geschnittenes Holz. Weiterhin wird die landesweite Energieversorgung besonders der Stadtbevölkerung noch zu etwa 90 % durch Holz gedeckt.

Fazit

Die Vielzahl und Vielfalt von Schutzprogrammen gegen die fortschreitende Entwaldung haben partiell zu einer Entlastung geführt. Insgesamt hat jedoch die Entwaldung in Regenwaldgebieten, wie schon ausgeführt, ständig zugenommen. Dadurch konnte auch die gewünschte klimapolitische Wirkung nicht erreicht werden. Noch werden – wie schon erwähnt – Kipppunkte diskutiert und befürchtet. Eines der zentralen Probleme ist die illegale Holzgewinnung, die von Regierungen bzw. von Verwaltungsangestellten oft geduldet werden, indem sie an den Profiten teilhaben. Daher ist eine Nachricht aus Brasilien positiv zu werten: Unter der neuen Regierung des Präsidenten Lula da Silva ist die Abholzung im Amazonasgebiet in den ersten fünf Monaten im Vergleich zum Vorjahreszeitraum um 31 % gesunken. Im Cerrado, den Feuchtsavannen im Südosten Brasiliens, ist die Entwaldung sogar um 35 % gesunken. Aktuell hat der Präsident angekündigt, dass illegale Abholzung verboten und unter Strafe gestellt wird. (Tagesspiegel 8.6.2023)

7 Schlussfolgerungen und Perspektiven

Es besteht international ein großer Konsens, dass Wälder durch die Absorption von Kohlendioxid für den Klimaschutz von großer Bedeutung sind. Bei der Absorption von Kohlendioxid geht es jedoch nicht nur um einzelne Bäume, sondern um die Biomasse von Wäldern. Hierzu gehören Baumstämme, aber auch Äste und Wurzeln und der Humus. Dabei haben die unterschiedlichen Waldformen und somit auch unterschiedliche Baumarten sehr verschiedene Absorptionskapazitäten. Hierzu lässt sich generell feststellen, dass Nadelbäume eine geringere Absorptionskapazität als Laubbäume haben, obwohl Nadelbäume das ganze Jahr grün sind und somit im Prinzip durchgehend CO_2 verwerten. Schließlich lässt sich feststellen, dass Kohlendioxid von Bäumen aufgenommen wird die sich im Wachstumsprozess befinden. Somit konnte aufgezeigt werden, dass die Aufnahme von Kohlenstoffdioxid durch Wälder ein sehr komplexer bzw. differenzierter Prozess ist.

Aus der Perspektive des Klimaschutzes haben die Regenwälder insofern eine besondere Bedeutung, da sie im Vergleich zu anderen Waldformen am meisten Kohlendioxid absorbieren können. Daraus begründet sich, dass sie eine relativ große Kohlenstoffsenke (oder auch Kohlendioxid bzw. CO_2 Senke) aufweisen. Daher sollten sie aus klimapolitischer Sicht, und damit zum Nutzen der Weltbevölkerung, besonders geschützt bzw. gefördert werden. Zunächst kann in diesem Zusammenhang festgestellt werden, dass die tropischen Wälder mit 45 % den größten Teil der Waldbedeckung einnehmen. Es folgen die subtropischen Wälder mit 11 %. Bei dieser Waldform ist weiterhin positiv hervor zu heben, dass sie eine überdurchschnittlich hohe Biodiversität aufweisen, die sich ebenfalls positiv auf den Erhalt von Tropenwälder und den Klimaschutz auswirkt.

Für die Erhaltung bzw. den Schutz der tropischen Regenwälder hat aber auch die indigene Bevölkerung eine herausragende Bedeutung, die bisher zu wenig Beachtung fand. Indigene Gemeinschaften leben im Wald bzw. in den Waldregionen und leben im Sinne nachhaltiger Entwicklung von den „Dienstleistungen" des Waldes. Es ist somit ihr Lebensraum den sie schützen indem sie beispielsweise die Biodiversität seit Jahrtausenden erhalten oder sogar fördern. Obwohl es eine Vielzahl von nationalen und internationalen Deklarationen zum Schutz indigener Völker gibt, hat sich ihre Lebenssituation teilweise dramatisch verschlechtert. Hierfür gibt es verschiedene Ursachen. So belastet der Klimawandel und seine Folgen wie steigende Temperaturen, die zu Dürreperioden und teilweise zu Flächenbränden führten oder auch Überschwemmungen verursachen die Lebensbedingungen vieler indigener Völker. Aber auch die kommerziellen Begehrlichkeiten nach mehr Weideland für die Erweiterung der Rinderhaltung, der Anbau von Soja als ertragreichem Exportgut, der Ausbau der Ölpalmenpalmenplantagen, die Abholzung von Edelhölzern und schließlich der Bergbau zum Abbau von Metallen führte zu einer Vertreibung indigener Gemeinschaften teilweise mit Gewalt durch mächtige Konzerne und korrupte Regierungen. Dadurch wurde die nachhaltige bzw. gemeinwohlorientierte Lebensweise indigener Gemeinschaften vielfach behindert oder zerstört.

Betrachtet man die globale Waldfläche, so ist festzustellen, dass die verschiedenen Waldformen sich hinsichtlich ihrer Flächen unterschiedlich entwickelt haben. Sie zeichnen sich vielfach durch eine dynamische Entwicklung aus, die sich durch längere Trends auszeichnen. Generell konnte gezeigt werden, dass es Waldformen gibt, die über die letzten Jahrzehnte regional schrumpften oder auch expandierten. Dabei gibt es jedoch regional große Unterschiede. Die drei Länder mit den höchsten Waldverlusten sind Russland, Brasilien und Kanada. Dagegen handelt es sich bei den drei Ländern mit den höchsten Zuwächsen an Waldbeständen um China, Australien und Chile. Betrachtet man sich die Länder mit den höchsten Verlusten an Regenwald, was aus Sicht des Klimawandels besonders relevant ist, so sind dies die drei Länder mit den höchsten Regenwaldflächen: Brasilien, DR Kongo und Indonesien.

Um den Regenwaldverlusten entgegen zu wirken, wurden eine Reihe von Programmen entwickelt. Die Mehrzahl der Programme sind auf finanzielle Anreize zur Verringerung der Abholzung von Regenwäldern ausgerichtet. Eine besonders Bedeutung wird dem Programm REDD+ zugemessen bei dem es über eine Verringerung der Waldverluste zu einer Emissionsminderung und damit zur Eindämmung des Klimawandels kommen soll. Das primäre Ziel des Programms, wie auch bei den anderen Programmen, ist somit der Klimaschutz. Entsprechend wird die Wirksamkeit an der Reduktion des Kohlendioxids gemessen. Damit steht die ökologische Dimension nachhaltiger Entwicklung im Mittelpunkt, die auch positive Rückwirkungen auf die soziale Dimension nachhaltiger Entwicklung hat: durch eine Verringerung der Entwaldung wird der Lebensraum der indigenen Bevölkerung geschützt.

Es wurde jedoch gezeigt, dass es viele weitere Maßnahmen im Kontext der sozialen Dimension zur Förderung bzw. Stärkung der indigenen Bevölkerung gibt: zu nennen sind u. a. die Verringerung der Armut durch eine ausreichende Gesundheitsversorgung, die Schaffung von Arbeitsplätzen, faire Entlohnung und verbindliche Arbeitsschutzmaßnahmen, das Verbot von Kinderarbeit, Schulbildung für Kinder und Rechtssicherheit. In den Ländern mit Regenwäldern gibt es daher in der Regel viele NGOs, die hier eine wichtige Funktion zur Umsetzung der ökologischen und sozialen Dimension nachhaltiger Entwicklung wahrnehmen. Bisher ist es jedoch noch nicht gelungen eine Transformation zu einer nachhaltigen Bewirtschaftung von Regenwäldern zu erreichen, was sich weitgehend aus den dominierenden wirtschaftlichen Interessen bzw. Maximen erklärt. Daraus begründet sich folgende Perspektive die erwünscht ist: Die ökonomische Dimension muss sich von einseitigem Profitstreben zu einer nachhaltigen Waldbewirtschaftung hin entwickeln. Dem steht bisher jedoch besonders in Ländern mit tropischen Wäldern noch die weit verbreitete und sehr verfestigte Korruption von Regierungen bzw. Regierungsvertretern und Konzernen entgegen.

Literatur

AFZ-DerWald: Wälder in Deutschland sind eine wichtige Kohlenstoffsenke, 14/2019

Bartels, F. et al.: Die boralen Nadelwälder im Klimawandel – Welche Wechselwirkungen bestehen? Welche Entwicklungen sind zu erwarten?, Hamburg 2015

Beckert, B., Keck M.: Palmöl für den Weltmarkt: Landkonflikte in Sumatras Post-Frontier. In: Geographische Rundschau 12 2015: S. 12-17.

BMK (Bundesministerium für Klimaschutz, Umwelt, Energie, Mobilität, Innovation und Technologie): Infotek, Wien 2020

BMU (Bundesministerium für Umwelt, Naturschutz, nukleare Sicherheit und Verbraucherschutz): Indigene Völker, Menschenrechte und nachhaltige Entwicklung, Berlin 2020

Bundesministerium für wirtschaftliche Zusammenarbeit und Entwicklung (BMZ) : REDD+: Wälder und Klima schützen für nachhaltige Entwicklung. https://www.bmz.de/resource/blob/23370/4c6329d7123b8681c816171517e4ea6b/materialie273-redddata.pdf, Abruf: 03.04.2023, 2015.

Boulton, C. A. et al.: Pronounced loss of Amazon rainforest resilience since the early 2000s, in: Nature Climate Chance 12, 2022, S. 271-278.

Brack, D. et al. (2016). Agricultural Commodity Supply Chains, https://www.chathamhouse.org/sites/default/files/publications/research/2016-01-28-agricultural-commodities-brack-glover-wellesley.pdf,

Breckle, S W., Rafiqpoor, M. D.: Vegetation und Klima. Springer Spektrum, Berlin, Heidelberg 2019.

Bundeszentrale für politische Bildung: Jährliche Änderung der Waldbestände, https://creativecommons.org/licensis/by-nc-nd/3.0/de/, 2017.

Charity, S., Dudley, N., Oliveira, D. und Stalton, S. (Hrsg.): Living Amazon Report 2016: A regional approach to conservation in the Amazon. WWF Living Amazon Initiative, Brasilia und Quito, 2016.

Cock, A.: Governing Cambodia's Forests – The International Politics of Policy Reform, Nordic Institute of Asian Studies 2016.

Colucci, A., Sanchez, S.: Strategische Rohstoffe, Geschäftsmöglichkeiten für Unternehmen, Sao Paulo 2020

Dauriach, A., Crona, B. und Galaz, B., et al.: The Amazon: A critical climate tipping point. https://www.unpri.org/Uploads/s/h/b/pri_theamazon_acriticalclimatetippingpoint_2019_659012.pdf, Abruf: 02.04.2023, 2019.

Deutschle, T.: Flächenverluste – wie viel Regenwald geht verloren, Info Center Hamburg 2021

Diekmann, Ch.: Welche Bäume speichern am meisten CO_2, in: Allgemein Luft, Umweltschutz, Wald 2019 https:naturefirst.earth/welche-baeuzme-speichern-am-meisten-co2/obal Forest Resources Assessmnt, Rome 2015

Eoropean Commission: Study on the review of the list of Critical Raw Materials – Criticality Assessment, Brussels 2020.

European Union: The impact of EU consumtion on deforestation: comprehensive analyses of the impact of EU consumption on deforestation, Final Report, Brussel 2013

EU-Kommission (Hrsg.) (2022): Vorschlag für eine Richtlinie des europäischen Parlaments und des Rates über die Sorgfaltspflichten von Unternehmen im Hinblick auf Nachhaltigkeit und zur Änderung der Richtlinie (EU) 2019/1937, online im Internet: https://eurlex.europa.eu/resource.html?uri=cellar:bc4dcea4-9584-11ec-b4e4-01aa75ed71a1.0007.02/DOC_1&format=PDF (zugegriffen am 05.05.2023).

FAO (Food and Agriculture Organisation): (2016): The State of the world's forests: Forests and agriculture: land-use challenges and opportunities, Rome.

FAO (Food and Agriculture Organisation): Global Forest Resources Assessment 2020. Main report. Rome 2020. https://doi.org/10.4060/ca9825en

FAO (Food and Agriculture Organisation): The World's Forests the State of – Forest Pathways for Green Recovery and Building inclusive Resilient and Sustainable Economics, Rome 2022

FAO, UNEP (2020): The State of the World´s Forest 2020: Forest, biodiversity and people. Rome 2020: https://doi.org/10.4060/ca8642en

Forum Nachhaltiges Palmöl (FONAP): Analyse des Palmölsektors in Deutschland im Jahr 2019. https://www.forumpalmoel.org/imglib/downloads/Pressekonferenz%2020-01-2021/FONAP%20Palmölstudie%202019_final.pdf, 2021, Abruf: 11.04.2023.

GIZ (Gesellschaft für internationale Zusammenarbeit): Forests and Climate Change Programme (FORCLIME), Eschborn 2018

Good P, Jones CD, Lowe JA, Betts RA, Gedney N.: Comparing tropical forest projections from two generations of Hadley Centre Earth system models, HadGEM2-ES and HadCM3LC. J Clim 23, 2013, S. 495–511.

Hauff, von M.: Grundwissen Circular Economy, München 2023.

Helmholz-Zentrum für Umweltforschung/ UFZ: Kohlenstoffbilanz im tropischen Regenwld des Amazonas, https://www.ufz.de/index.php?de=36336&webc_pm=48/2019

Hiltner, U. et al.: Impacts of of precipitation variability on the dynamics of a dry tropical forest, in: Ecological Modelling 302, 2016, S. 92-101

Hosonuma, N. et al.: An assessment of deforestation an forest degradation drivers in developing countries, in: Environment Research Letters 7, 2012, S. 1-12

Hubau, W. et al.: Asynchronous Carbon Sink Saturation in African and Amazonian Tropical Forests, in: Nature 579(7797), 2020, S. 80-87

Huber, M. et al.: Die Rolle des Waldes im Klimaschutz – Wie wird unser Wald klimafit? Studie im Rahmen von Mutter Erde, Institut für Ökologie, Klagenfurt 2021

Human Rights Watch: EU: Bedeutender Schritt hin zu entwaldungsfreien Lieferketten, 2023, https://www.hrw.org/de/news/2023/04/21/eu-bedeutender-schritt-hin-zu-entwaldungsfreien-liefrketten

IPBS (Intergovernmental Science-Policy Platform on Biodiversity and Ecosystem Services): Global assessment report on biodiversity and ecosystem services, Bonn 2019

Kaimovitz, D.: The prospects for Reduced Emissions from Deforestation and Degradation (REDD) in Mesoamerica, in: International Forestry Review Vol.10(3), 2008

Kelly, A.: Palm oil boom: companies must clean up their act in Africa. https://www.theguardian.com/sustainable-busness/2016/dec/07/palm-oil-africa-deforestation-climatechange-land-rights-private-sector-liberia-cameroon, 2016, Abruf: 01.04.2023,.

KfW: REDD Early Movers (REM) Kolumbien II, Frankfurt 2022

Knoll, G. M.: Landschaften geographisch verstehen und touristisch erschließen, Berlin, Heidelberg 2014.

Küpper, B., Stravens, M.: Mapping the European Soy Supply Chain Embedded Soy in Animal Products Consumed in the EU27+UK, Amsterdam 2022.

Lam, D., E. et al.: Indigenous and local knowledge in sustainability transformations research: a literature review, in: Ecology and Society 25 (1):3, 2020, S. 1-10

Lapola, D. M. et al.: Limiting the high impacts of Amazonaas forest dieback with no regrets science and policy action, in: Biological Sciences1, 2018

Lenton, T. M., Rockström, J. und Gaffney, O., et al.: Climate tipping points – too risky to bet against. In: Nature 575 2019: S. 592-595.

Lovejoy, T. E., Nobre, C.: Amazon Tipping Point. In: Science Advances 4 2018: S. 1.

Lucero, L. J., Fletcher, R. & Coningham, R.: From 'collapse'to urban diaspora: the transformation of low-density, dispersed agrarian urbanism, in: Antiquity 89, 2015, S. 1139–1154.

Lapola, D. M. et al.: Limiting the high impacts of Amazon forest dieback with no-regrets science and policy action, in: Perspective 2018www.pnas.org/lookup/suppl/doi:10.1073/pnas.1721770115/-/DCSupplemental.

LWE aktuell: Die Bundeswaldinventur 2022 – ein Zwischenstand, 2/2022

Maezumi, S.Y. et al.: Legacies of Indigenous land use and cultural burning in the Bolivian Amazon rainforest ecotone, The Royal Society Publishing 2021, https://royalsocietypublishing.org/ on 09 March 2022

Makarieva, A. et al.: Where do winds come from? A new theory on how water vapor condensation influences atmospheric pressure and dynami, cs, https://doi.org/10.5194/acp-13-1039, ACP, Volume 13, issue 2 2013, S. 1039–1056,

Max-Planck-Gesellschaft: Ein Blick in die Zukunft der Tropenwälder. Eine Methode, um die Entwicklung von artenreichen Wäldern vorherzusagen, 2030 https://www.mpg.de/14680070/tropisch-wald-artenvielfalt

Mechik, E., von Hauff, M.: Requirements for the Sustainable Development of Economic Activities in Tropical Forest Communities, in: European Journal of Sustainable Development, 5 2016, S. 107-120.

Mechik, E. von Hauff, M., de Maura, L., Held, H.: Analysis of the Changes in Economic Activities of Brazilian Forest Communities after Methodical Support and Provision of Pre-Financing Capital, in: Journal of Tropical Forest Science 29(2) 2017, S. 227-237.

Mechik, E, von Hauff, M.: The fight against Deforestation of tropicl forests – The contribution of eht Blocckchain-based contract management method to minimize illegal Logging, in: Markandya, A., Rübbelke, D. (Hrsg.): Climate and Development, World Scientivic 2022, S. 439-463

Meißner, S.: Global Metal Mining and Physical Water Stress – Water Impact Assessment of the Mining Industry within the Raw Materials Criticality Methodology, Habilitationsschrift, Augsburg 2019.

Meretz, S., Mannigel, E.: Tropenholz: weltweiter Handel und lokale Folgen 2017 https://www.regenwaldschuetzen.org/fileadmin/user_upload/pdf/Position/ positionspapieroroverde-bodenschaetze.pdf

Mierch, M., von Königslöw, V. und Hofmann, F.: Ökologische und soziale Aspekte des globalenSojaanbaus. https://www.sojafoerderring.de/wp-content/uploads/2018/08/Sojainfo_35_Ökologische-und-soziale-Aspekte-des-globalen-Sojaanbaus_Ver-Juli-2018.pdf, Abruf: 11.04.2023, 2018.

Nobre, A.D.: The Future Climate of Amazonia – Scientific Assessment Report, Brasilien 2014.

OROVERDE: Abbau von Bodenschätzen und seine Folgen, 2023 https://www.regenwald-schuetzen.org/verbrauchertipps/bodenschaetze/folgen-des abbaus

Otto, H.-J.: Waldökologie, Stuttgart 1994

Pfadenhauer, J.S., Klötzli, F.A.: Vegetation der Erde: Grundlagen, Ökologie, Berlin, Heidelberg 2014.

Phnom Penh Post: Seven more community forests recognised in 2021, in: National. Unter: www.phnompenhpost.com/national/seven-more-community-forests-recognised-2021

Poffenberger, M.: Cambodia's Contested Forest Domain, Manila 2013

Prinz, U.: Die Hüter der Vielfalt, in: Spektrum 2020

Prümers, H. et al.: Lidar reveals pre-Hispanic low-density urbanism in the Bolivian Amazon, in: nature 606, 2022, S. 325-328

Rammig, A.: Tropical carbon sinks are out of sync, in: Nature Vol. 579, 2020

Recio, E. et al.: Indigenous Peoples: Defending an Environment for all, Earth Negotiation Bulletin, IISD (International Institute for Sustainable Development): Policy Brief 36, 2022

Reichholf J. H., Brandstetter: Regenwälder- Ihre bedrohte Schönheit und wie wir sie noch retten können, Berlin 2021.

Reller, A.: Schont die Digitalisierung Ressourcen? Kurze Bestandsaufnahme zur Dynamik der Digitalisierung, in: v. Hauff, M., Reller, A. (Hrsg.): Nachhaltige Digitalisierung – eine noch zu bewältigende Zukunftsaufgabe, Wiesbaden 2020, S. 25-34.

Rhoades, H.: The Gaia Foundation – Mining. When is enough, enough?, Brigthon 2015

Sandker, M. et al.: Results that Inspire: REDD+ Transparency for Forests and Climate, IISD 2020

Scherrer, Y.: Understanding Local Knowledge – an Interdisciplinary Framework in the Context of Sustainable Development, Basel 2022

Schultz, J.: Die Ökozonen der Erde. 5. Auflage, Stuttgart 2016.

Schultheiß, L.: Amazonas-Regenwald: Welche Auswirkungen hat das Überschreiten des Kipppunkts auf die menschliche Sicherheit?, Germanwatch 2023

Sonter, L. et al.: Mining drives extensive deforestation in the Bazilian Amazon, in: Nature Communications 8, 2017 https://doi.org/10.1038/s41467-017-00557-w

Statistisches Bundesamt: Zahl der Woche Nr. 40, Wiesbaden 2021

Steffen, W. et al.: Trajectories of the Earth System in the Anthropocene, in: National Acad Science 115 (33) 2018 S. 8252-8259, https://doi.org/10.1073/pnas

Tagesspiegel 8.6.2023 https://www.tagesspiegel.de/wissen/nach-regierungswechsel-abholzung-im-brasilianischen-amazonasgebiet-deutlich-gesunken-9948942

Teeuwen, S., van Benthem, M., Oldenburger, J., et al.: Europe´s sourcing of verified tropical timber and its impact on forests: What Next?: Exploring the EU27 & UK´s share of verified legal and sustainable tropical timber product imports. https://www.idhsustainabletrade.com/uploaded/2021/12/Timber-11.0.pdf, Abruf: 05.04.2023, 2021.

The Diplomat: NGOs in Cambodia: It's Complicated, in: Society – Southeast Asia. Unter: https://thediplomat.com/2013/12/ngos-in-cambodia-its-complicated

Tumbore, S.E. et al.: Forest health and global change Science 349(6250), 2015, S. 814-818

United Nations: Conventions on Biological Diversity, New York 1992

United Nations Declaration on the Rights of Indigenious Peoples, Resolution adopted by the General Assembly on 13 September 2007

United Nations Development Programme: Environmental and Social Assessment of Ecuador's Socio Bosque Programme, New York 2018

United Nations Development: State of the World's Indigenous Peoples – United States Department of Agriculture (Hrsg.): Oilseeds: World Markets and Trade, https://downloads.usda.library.cornell.edu/usdaesmis/files/tx31qh68h/k643cc49f/41688v39p/oilseeds.pdf, 2023a. Rights to Land, Territories and Resources, 5th Volume, New Yourk 2021 Abruf: 12.04.2023, January

United States Department of Agriculture (Hrsg.): World Agricultural Production, https://downloads.usda.library.cornell.edu/usda-esmis/files/5q47rn72z/3197zz672/sj13bd53n/production.pdf, January 2023b.United States Department of Agriculture 2023a, Abruf: 11.04.2023.

UN-REDD Programme: About REDD+. https://www.un-redd.org/sites/default/files/2021-10/Fact%20Sheet%201-%20About%20REDD3.pdf, Abruf: 03.04.2023, 2016.

Vollmann, J.: Kraftfutter für Mensch und Vieh. In: Wiener Zeitung Extra 2010: S. 3.

WWF Living Amazon Initiative: Living Amazon Report 2016 – A regional approach to conservation in the Amazon, Gland 2016

WWF (2021): Neue WWF-Studie zu Ernährung in planetaren Grenzen/ WWF fordert „Mind Shift" und Nachhaltigkeitssteuer, https://www.wwf.de/2021/april/die-zukunft-liegt-auf-unserem-teller,

WWF: Damit schreibt die EU-Geschichte für den Waldschutz, 6.12.2022

Wissenschaftlicher Beirat für Waldpolitik: Die Anpassung von Wäldern und Waldwirtschaft an den Klimawandel, Gutachten des Wissenschaftlichen Beirates für Waldpolitik, Berlin 2021

World Wildlife Fund: Europa verschlingt die Welt, Brüssel 2022

WWF: Risking the Amazon: Why we need immediate Action to reduce the tipping point risk, Scotland 2022

Zech, W., Schad, P., Hintermaier-Erhard, G.: Böden der Welt: Ein Bildatlas. 2. Auflage, Berlin, Heidelberg, 2014.

Zemp, D.C. et al.: Self-amplified Amazon forest loss due to vegetation-atmisphere feedbacks, in: Nature Communications, 2017 www.pnas.org/cgi/doi/10.1073/pnas

Zipfel, A. G.: Waldschutz durch Zahlungen für Ökosystemleistungen?: Eindrücke aus dem ecuadorianischen Amazonas. In: Mitteilungen der Fränkischen Geographischen Gesellschaft Band 65/66 2020: S. 89-106.

Index

Abbildungsverzeichnis

nuggets

Die Reihe nuggets behandelt anspruchsvolle Themen und Trends, die nicht nur Studierende beschäftigen. Expert:innen erklären und vertiefen kompakt und gleichzeitig tiefgehend Zusammenhänge und Wissenswertes zu brandneuen und speziellen Themen. Dabei spielt die richtige Balance zwischen gezielter Information und fundierter Analyse die wichtigste Rolle. Das Besondere an dieser Reihe ist, dass sie fachgebiets- und verlagsübergreifend konzipiert ist. Sowohl der Narr-Verlag als auch expert- und UVK-Autor:innen bereichern nuggets.

Bisher sind erschienen:

Ulrich Sailer
Digitalisierung im Controlling
Transformation der Unternehmenssteuerung
durch die Digitalisierung
2023, 104 Seiten
€[D] 17,90
ISBN 978-3-381-10301-0

Michael von Hauff
Wald und Klima
Aus der Perspektive nachhaltiger Entwicklung
2023, 85 Seiten
€[D] 17,90
ISBN 978-3-381-10311-9

Ralf Hafner
Unternehmensbewertung
2024, ca. 100 Seiten
€[D] 17,90
ISBN 978-3-381-11351-4

Irene E. Rath / Wilhelm Schmeisser
Internationale Unternehmenstätigkeit
Grundlagen, Führung, Organisation
2024, ca. 175 Seiten
€[D] 17,90
ISBN 978-3-381-11231-9